云课堂
师生高效沟通创新方法指南

Classroom in the Cloud:
Innovative Ideas for Higher Level Learning

[美] 杰拉德·科维利　著　张超斌　译
尼古拉斯·普罗文扎诺　　　车文萍

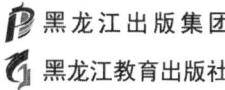

黑龙江出版集团
黑龙江教育出版社

版权登记号：08-2017-054

图书在版编目（CIP）数据

云课堂：师生高效沟通创新方法指南 /（美）杰拉德·科维利，（美）尼古拉斯·普罗文扎诺著；张超斌，车文萍译. -- 哈尔滨：黑龙江教育出版社，2017.6
ISBN 978-7-5316-9320-8

Ⅰ. ①云… Ⅱ. ①杰… ②尼… ③张… ④车… Ⅲ. ①教学法－指南 Ⅳ. ① G424.1-62

中国版本图书馆 CIP 数据核字（2017）第 164707 号

Classroom in the Cloud
Copyright © 2015 by Cowin
Chinese simplified translation © 2017 by Heilongjiang Educational Press Co., Ltd.
ALL RIGHTS RESERVED

云课堂：师生高效沟通创新方法指南
YUN KETANG: SHISHENG GAOXIAO GOUTONG CHUANGXIN FANGFA ZHINAN

作 者	[美]杰拉德·科维利　尼古拉斯·普罗文扎诺　著
译 者	张超斌　车文萍　译
选题策划	王春晨
责任编辑	宋舒白　姜劲帆
装帧设计	Amber Design 琥珀视觉
责任校对	张爱华
出版发行	黑龙江教育出版社（哈尔滨市南岗区花园街158号）
印　　刷	北京鹏润伟业印刷有限公司
新浪微博	http://weibo.com/longjiaoshe
公众微信	heilongjiangjiaoyu
天 猫 店	https://hljjycbsts.tmall.com
E-mail	heilongjiangjiaoyu@126.com
电　　话	010—64187564
开　　本	700×1000　1/16
印　　张	10.25
字　　数	146千
版　　次	2017年8月第1版　2017年8月第1次印刷
书　　号	ISBN 978-7-5316-9320-8
定　　价	30.00元

序

我们在一个真正伟大的时代里生活和教学,每天都有机会以几年前不可想象的方式来学习和分享。在很大程度上,这些学习机会是由不断增多且价格不断降低的技术提供的。如果没有智能手机,我们就没有了阅读、观看、聆听的媒介,无法与机械构成的网络互动,也无法与共享理念和互相学习的人类互动,这样的生活难以想象。正是因为世界互联互通,我才得以认识本书两位才华横溢的作者。杰拉德和尼古拉斯都是教育者,他们通过社交媒体分享他们的知识和对教育科技的激情。

恭喜你买了这本书!你做出了一个明智的选择。两位激情洋溢的作者因为把数字工具引入课堂来提高教与学的效果而受到全国的认可。作为实践型教育者,杰拉德和尼古拉斯深知当今的学校是什么样子。他们也知道成功运用技术之前的学校是什么样子。他们经历了应用技术的过程(以及这一过程中的风风雨雨)。他们看到了当技术就位、学生们了解了学习工具的力量时所出现的神奇变化。杰拉德和尼古拉斯是真正的教育者。他们教课,学习,鼓励其他人去做同样的事。他们把博客、演示文稿和课堂上展现出来的内容全部大公无私地浓缩在这本书中。这两位绅士是真正的行家。

除了杰拉德和尼古拉斯之外,你还可以从其他教育者身上学到东西。本书所提及和讨论的工具剖析了你可能在云端用到的一些选择。寻找一个"最佳"工具清单很容易,而可用于课堂的应用程序、工具会多到令人眼花缭乱,但慢慢了解这里为你选出的工具,看看别人是怎么用它们来构建学习框架的。所谓"授人以渔"就是让你学着去捕获更多的鱼。批判地看待工具和它们对你、你的课堂或学校的作用,这是应用它们的一个重要步骤。明白要尝试哪些,摒弃哪些,坚持使用哪些,这都是必须学习的重要技能。有了这些教育大师给你提供的专业知识,你很快就会发现自己找对了方向。

本书并非传统的经验大全,两位作者之后也会谈到这一点。你可以把它当作灵感来源和参考资料,也可以把它看作工具的指导说明。有句话说得好:能获得好工具的优秀教师定能创造辉煌的学习体验,这就值了。

好好享受吧!

亚当·贝洛(Adam Bellow)
eduTecher/eduClipper 的创始人

前　言 1

科技不断改变着学生们所生活的世界，他们处于互联互通的状态，彼此之间如此，与信息的关系如此，与广阔的世界亦是如此。那为什么学校像是存在于真空之中呢？课堂仍然未能把学生在学校学到的内容与他们所生活的世界联系起来。许多教师都在寻找的一个解决方案就是"云服务"，即通过一系列的在线网站和资源，实现学生和教师直接获取内容以及沟通。使用"云服务"，教师们可以联系学生、内容互动、管理数据、削减开支和提高成就。本书将从 K-12 教育的角度，探讨多种"云工具"，不仅关注如何使用这些工具，还从广义上回答了"为何使用这些工具？"和"学生应用'云服务'后，怎样才能达到学习标准？"这两个问题。

无论你是初出茅庐还是经验丰富，作为教师，你会找到能够立刻融入课堂的神奇的"云工具"。"教学实践"和"学生视角"——我们殚精竭虑地寻找最佳案例，从教师和学生两个角度强力佐证这些工具将如何得到应用。我们知道，分享一种工具时，教师的作用很大。因此我们既提供工具，还提供了使用该工具的教师的联系方式，以备你有任何关于使用某一工具的疑问。希望本书成为你个人和探索课堂"云工具"科技应用的起点。

管理者会发现"云工具"对他们的学校有多种独特优势。无论你是来自州级的大型学区，还是教职工人数较少的新立特许学校，我们相信本书有助于你与教师们一起制订一个将科技融入课堂的计划。本书的工具将帮助你把现有的基础设施功能最大化。无论你用的是个人电脑、苹果笔记本、平板电脑或者组装机，都可以找到相应的工具。最让人心动的是，你不用花太多钱，因为我们列出的这些都提供免费选项。"云工具"将为你的课堂导航，让你的教师和学生都能接触到令他们爱不释手的工具。

本书分为4大部分：云存储、云交流、云协作和云创造。在每一个部分中，我们探讨了教育者实施各种授课任务时可以采用的不同云工具，其中包括学习评估、内容发展和数据管理。

在讨论云工具的宗旨及其与学习技巧的相关性时，我们希望你能看到本书涵盖了K-12教学的3大主要领域：

1.在实现学习目标的过程中，哪些云工具是不可或缺的？

2.在日常课堂活动中，这些云工具是如何促进学习，并为教师们助力的？

3.在以学生为中心的项目中，教师利用不同云工具进行课时计划活动的实例有哪些？

为了帮助读者理解本书的关键点和特征，每章只关注有独立标题的一项课堂活动或一个项目，从而对读者进行逐步指导。在每章的结尾处，你会找到另一个专门为教师设置的板块——"更上一层楼"。这一组理念意在深化工具的使用，为课堂应用提供额外的框架。在本书结尾的"爱屋及乌"板块，你还可以找到各种有用的资源，以便教师们在受制于学区筛选、开支或其他障碍因素的情况下，找到与本书分享的相似的资源。

本书的另一个重要特征是使用了截图。这些图片有助于阐释概念，并为完成活动提供指导。截图具有时效性，所以其中的内容可能会因时而变，但足以给教育者们形象化地展示不同云工具的实际应用。

《云课堂：师生高效沟通创新方法指南》意在为21世纪的教育者提供有益资源，在将学习载入"云课堂"的过程中，我们希望这些工具能够让你的课堂"更上一层楼"。

前　言 2

网络改变了教师和学生获取信息、完成作业的方式。多年以来，教师和学生只能在某台特定的电脑上进行一个项目，因为只有这台电脑上安装了合适的软件、内存和硬件。随着云技术的出现，我们看到学校利用任何设备都能兼容的网络存储和网络工具，从此不再受软件或平台的制约，教师和学生能够随时随地读取个人工作内容、进行项目操作，还可以在任何设备上完成作业。采用了云技术的教师和学生如虎添翼，比同伴更加厉害。他们可以从多个途径获取教育材料，节省时间和精力，实现网络多种云工具的效用最大化。

什么是云技术？

提及云计算，许多人会把它当作一种神秘的力量。要问为什么，他们只会说："我的东西都在那儿存着呢。"其实他们根本不知道"那儿"是哪儿。"云"对于不同的人来说有不同的含义。云计算可以像只供学校教职员工和学生使用的共享网络驱动器一样简单，也可以像涵盖全世界上百万用户的系统一样复杂。

美国国家标准与技术研究院（National Institute of Standards & Technology）对云计算的定义为：

> 通过随时、便捷、按需的网络接入共享的可配置计算资源（如网络、服务器、存储、应用和服务），在管理或服务供应商交互最小化的情况下，这些资源可以实现迅速地应变和发布。

最简单的云计算形式包括以下几个关键部分：
- 信息储存在远程服务器上，而非当地硬盘内；
- 信息可以通过安全账号和密码获取；
- 信息可私有，可公开，取决于用户的喜好；
- 信息可以通过多平台和设备获取。

云技术是如何改变学校的？

在一个日渐"按需生活"的社会里，云技术在当今课堂上的作用变得越来越举足轻重。学习曾经被视作"教室里从上午8点到下午3点所进行的活动"，如今则变成了每天24小时不间断地连接和讨论新想法、新内容的方式。

教育部长阿尔内·邓肯曾对课堂在学生生活中的角色变化做出如下评论：

> 从现在算起，5年后的学校会是什么样？10年内呢？它还会是传统的砖石结构形象吗？通过手机孩子们晚上9点钟可能学到和在课堂上一样多的东西。

未来的学校将越来越少地关心"学生在哪里学习和通过什么学习"，而是越来越多地关注"学生在学习什么"这个问题。在线学习日益兴盛，其影响正在重塑教育的前景。事实上，数字鸿沟与一所学校或一个学区拥有怎样的硬件关系不大，却与学生所接触的网络程度有很大关系。云计算把计算设备变得更具可替代性，也因此变得无关紧要——连通性才是最重要的。

基于云服务的课堂将对学生手中的技术工具类型产生重大影响。学校不必再购置高端的网络硬件设备，学生就可以通过从家里带来的小型移动设备获取内容。学校在维护计算机室方面的投入减少，更多的资金可以用于购买便携式实验室，里面装满了入门级的平板电脑和笔记本电脑，比如谷歌

Chrome 笔记本。随着越来越多的资源向在线内容和课程转化，对硬件的依赖程度降低，教育者们能够对学生学习产生更大的影响。

为什么采用云技术？

云技术的性质还使得学生能够分享想法之外的东西，例如分享教育基础设施和工具。学校可以减少在新软件、教科书和新款昂贵学习材料上的投入，不仅能帮助学校平衡紧张的开支，还能保证学生获取重要信息。

让我们来看看当今学校采用云技术的好处。

节省开支

许多以云技术为基础的解决方案成本很低或无须成本，比如谷歌教育应用或微软365都能免费为学校提供强大的实时数据服务。对于学区而言，这有助于减轻服务器和维护的巨大成本。将数据从自己的服务器移出后，大型学区可以节省成千上万美元的开支。在无须安排太多人员和资源的情况下，小型学区仍然能够接入大规模的解决方案，网络技术员和设备因此可以转而投入除了邮件和服务器维护之外的其他工作上去。这些节省下来的开支将会直接影响课堂，因为教师们得到了更多教学资源，而非硬件设备。

由企业向学区和学校提供云技术服务还可以节省通常情况下不太明显的开支。通过调整云服务的规模，一个学区能够获得前所未有的多层次安全防护与支持。对于作为云服务网络成员的学区而言，这是已经成为标准的多种节省开支措施之一。

除了在技术基础设施上节省成本以外，云服务还可以通过获取在线文字处理工具来减轻学区经济压力。若相似的应用程序可以在线使用，就无须花钱去买桌面应用软件。另外，学区不必在每台机器上安装软件的最新版本，因为新版本已经存储在云空间里了。乍看之下，这似乎是很粗糙的节省方式，但考虑一下云服务自动把应用程序更新到最新版本，长期的开支就逐渐节省下来了。

权限

针对学校的云服务的最大好处就是能够在任何设备上随时随地获取内容。放学不应当是学生学习的终止，对于努力在课后获取并完成作业的学生来说更是如此。由于项目储存在云空间里，学生回到家后就可以立即继续作业。云空间会备份所有作业，学生就能看出在学校开始时和回家改进后的微妙差异。

我们常常听说数字鸿沟（有些人能接触技术，有些人则不能）是决定学生和学校成就的关键因素。云工具为所有学校和学生提供获取内容和应用的同等权限，因而实现了教育公平。学生获取最新版在线程序后，就可以互相无缝合作了。

最近，美国教育部提出一项名为教育联通（Connect ED）的倡议，即以网络为工具，提高学生的互联性，扩大学生的权限。

乡村社区将会因新教育技术的出现而大受裨益，因为教育联通可以提供学习机遇，让乡村学生享受教育公平待遇。大小型学区均可从远程学习中获益，学生则可以在世界上的任何地方听教师讲课。

权限还可以解决比例问题。学区扩大或缩小时，云服务能够轻易地进行调整，以适应不断变化的人口。由于许多云工具是免费的，学区可以量身定制运行规模，确保获得所需层次的权限。

促进协作

由于不要求学生拥有同样的软件，云空间内的协作就增加了。设想一下学生在家里同时进行同一个项目的场景，他们能够互相分享想法，通过集体出力做项目，就能把这些想法转化为成果。

云空间内的协作可以将世界移入你的课堂，因为你可以让自己的学生与全球的孩子一起学习。地理位置已不再是障碍。设想一下，堪萨斯州的学生与巴西的学生一起进行一个气候科学项目的情景。云空间不仅可以让学生们在同一个文件内工作，还可以互相看见和对话，就好像在同一间教室一样（从某种程度上来说，他们确实在同一间教室）。

协作项目是特别好的教育体验，这不仅仅是因为学生能够互相激发灵感，提高各自的写作技能，还因为协作过程本身可以教会他们如何与他人友好地合作——这对于每个人而言都是一项宝贵的技能。

个性化指导

数字差异旨在设计、促进学生驱动型学习体验，这种体验以基于标准的实质性问题为动力，以数字工具为辅助，给学生提供多样化学习途径，从而达到成功。

学生数据存储在云空间内，教师和学校便可直接获得信息，大量的数据使得教育者能够一窥学生的学习方式倾向。你能想象每个学生都拥有各自的个性化教育计划（IEP）吗？

伊利诺伊州布鲁明顿教师吉姆·彼得森讨论了采用云工具是如何以更具个性化的方式帮助他与学生协作：

数据存储在单一位置的优势，在于这些数据可以用来为每个孩子量身定制特定课程。如果约翰尼的数据表明他是触觉型学习者，而且数学成绩很差，因布鲁姆就会提出一种特定的教育方式。这都是为了构建个性化学习环境。

采用云技术获取学生数据后，人们可以迅速明白学区应该如何利用在线信息系统来做出"数据驱动型决策"。

标准化评估

由于学校和学区之间可以在线分享资源,进行大小规模的评估都变得前所未有地简单。考试材料标准化,不同地区的考试统一化,确保了一定程度的公平。

随着越来越多的都市学区不断地寻找考试成绩差和辍学率高的根源,配备云技术的教室就变成了许多校长的许愿单上的"圣杯"。下面以北卡罗来纳州穆尔斯维尔市的穆尔斯维尔学区为例说明。

穆尔斯维尔初中给每位学生(3—12年级)分发一个设备,采用一流的数字课程内容。所有教师都受过如何将技术融入教学的培训。自从开始大举采用技术之后,穆尔斯维尔的学习面貌发生了天翻地覆的变化。校监马克·爱德华兹说道:"这跟技术无关,与条条框框无关,只在于改变教育文化 —— 让学生为自己的未来做准备,而非我们过去所做的。"

在课堂上,如今学生是以小组协作的,不再只是听教师的讲解。他们使用个性化软件,其功能就像一个能够适应他们学习速度的私人辅导。教师们即时获得学生进程反馈,可以更好地调整课时和教学方式,以满足每位学生的要求。

穆尔斯维尔的成功是有目共睹的。2011年,该学区的毕业率为91%,比2008年提高了80%。在州级阅读理解、数学和科学测试中,各个年级、学科有平均88%的学生达到熟练标准,而3年前则只有73%。以分配到每个学生身上的资金来说,穆尔斯维尔在北卡罗来纳州的115个学区中位居第100名,但如今它的测试成绩排名第三,毕业率排名第二。

玩转课堂

过去几年里，一股使用云技术为学生提供内容指导的潮流涌现。教师们不必整天进行基础教学，而是把这些任务交给云空间，学生在那里就可以与同学相互交流，教室则变成了实验室——应用内容知识的地方。

对于人数较多的课堂而言，学生们通过云空间学习知识使得教育者能够定制课堂活动，满足学生的个性化需求。比尔·盖茨曾说，将课堂转化成以云空间为基础的教育模式有助于实现这一目标。"当今的教室太大了。课程以同样的方式教给几十、几百个学生——每个人都有不同的学习风格。技术可以而且应当改变这一局面。"

云技术对教育者的课堂会产生多种影响。上面所列举的每一个理念都以共生关系互相交织。节省开支为获得额外资源开辟了空间，额外资源则能够提高教师与单个学生的沟通能力，而当学生获得个人关注后，成绩就提高了。这将对小型社区产生持久的影响，最终也会对整个国家产生持久的影响。

云中风暴

当然了，云技术不会时时刻刻都完美奏效，让学生获取在线应用和数据存在着几个挑战，例如数据丢失和信息有误等。以下是学生拥护者和多个教育团体提出的一些顾虑，以及教育者尝试保护云技术的方式。

网络可靠性

如果你的学校或学区把所有教学全部转向云空间，你的学习能力就完全取决于你的网络连通程度。如果学校在保持良好的连通性方面出了问题，学生和教师就要长期遭罪了。

许多网络技术专家说连通性不应该成为采用云技术的学校的障碍。谷歌发言人蒂姆·德里南最近发表声明："谷歌也从来不会撤掉服务器或安排停工。我们在 99.9% 的时间里会保证数据的可获取性。"

即便有了 99.9% 的时间保障,有时候仍然会存在数据读取缓慢或无法获取的情况。就算云空间表面上每时每刻都在运行,但只要有一次出现故障,你就会认为它是不可靠的。这个问题在不断地得到改善,其严重程度在逐年下降。拨号连接的日子一去不复返了,现在更多的是"网络上有什么"与"如何联网"的对决。

黑客与安全性

数据可以在线获取,就存在着被外部群体或个人攻击的危险。我们常常看到企业被黑客攻击,数据被恶意夺取的新闻报道。那么对于学校数据而言,这种风险是不是太大了些?怎样才能保证云空间的安全呢?

像谷歌教育应用这样的工具会比单个 K-12 学区运营的网络技术服务更安全,原因在于谷歌的规模。"我们有上百名工程师负责谷歌安全设备维护,"蒂姆·德里南解释道,"他们在不间断地检查程序错误、入侵和数据泄露。"

将敏感数据放到网络上总是有风险的,所以学校必须保持警惕,保护学生信息。对于大型云技术服务而言,其所需的安全措施是普通学区无法独自提供的。那么教育裨益与安全风险之间的平衡点在哪里?

隐私与信息共享

家长和学生比较关心的另一个重大问题是与第三方分享数据。当学校开始将学生数据上传到云空间时,权限的问题就出来了:谁能看到敏感的学生数据,又会怎样处理这些数据?

近期的一次学校董事会议上,有人提出了这个担忧。"你们绝对不能把我孩子的信息提供给第三方企业,让他们为所欲为,"叶兰妮·玛卡里斯在观众的掌声和欢呼声中说道,"我们决不会袖手旁观,一定要反击。"

数据分享是云计算的一个重要特征。它使得学校具备了获取额外资源的能力,人们也得以与单个学生协作。设想以下情景:

一个学生转学,他的数据会以贯彻始终的形式跟随他。那么,从理论上来说,了解单个学生乃至一个学生群体的长期学业表现就更加容易了,因为所有的颗粒状数据都储存在同一个地方。

学校和教师应当可以互相分享数据,从而对每个学生需求达到一定层次的了解,而这在 10 年前是做不到的。虽说数据应该分享,但要记住它不应该被出售给第三方。学生数据应该用于促进学习,而不是用于商业行为。

云空间,不是工厂

现代教室的结构最初是以工业时代的工厂为模板的。当时的国家需要后代成为工人贡献自我的工人阶级成员,如今的孩子已经能做到这一点,但他们的能力并不仅限于此。

2013 年,苏伽特·米特拉因创造云技术课堂而获得 TED 大奖。在获奖感言里,他说:

孩子们会帮助我们探索多种以云技术为基础、可衡量的自我导向学习方式。全球的教育者和退休教师将会通过网络支持学生并与其互动。在网络时代,我们需要的学校不应该像工厂,而应该像云空间。

如何使用本书?

《云课堂:师生高效沟通创新方法指南》不是一本普通的"指导"教材。学习如何使用云空间的多种工具是目标的一部分,但你还应该理解在高效教学策略的框架下如何使用这些工具。话虽如此,本书的初衷也不是让读者逐页参考,而是应该快速浏览任意一个章节,深入了解特定的云工具机器课堂应用。

本书的主要特征包括以下几个方面:

- "亲身体验"板块，教育者分享在课堂和学校里使用云工具的案例，为读者提供切实可行的授课实例；
- 学生对工具在作业中的应用的看法；
- 展示教育中应用云工具的构思；
- 各章结尾处分享"更上一层楼"的诀窍；
- 本书结尾"爱屋及乌"板块推荐供读者深入探索的资源。

高阶学习的创新理念

本书的前提十分简单：教育者希望采用最好的工具来激发学生参与，让他们为未来做好准备。使用云工具可以极大地改变课堂学习的面貌。本书为教育者设定了3个核心目标：

1. 探索学生在21世纪前进所需的技能。

2. 从有经验的教师身上了解不同的云工具，弄清楚如何在自己的课堂上利用多种多样的资源。

3. 列举出能够融入课程的课堂项目。

随着对云空间及其中的多种工具和资源的了解越来越深入，我们希望你能找出一些打破传统教室条条框框的新方法。最后，或许对你学生的最好评价就是他们"腾云驾雾"了。

目录 / contents

序 1
前言 1 1
前言 2 3

第一章　云存储 1
　　安全性 1
　　权限 2
　　容量 3
　　网络随身碟 4
　　谷歌云端硬盘 8
　　印象笔记 16

第二章　云端沟通交流 23
　　推特 26
　　提醒 34
　　谷歌环聊 39

第三章　云端协作 45
　　直接访问，跨过附件 45
　　让学生说话 46
　　从大千世界攫取知识 46

提供即时反馈 47
　　　谷歌文档 48
　　　教育国度 53
　　　维基空间 59

第四章　云端创造 65
　　　图享 68
　　　一起乐 76
　　　YouTube 编辑器 79
　　　录屏大师 85

第五章　一锅端 91
　　　评估工具 91
　　　演示工具 105
　　　大杂烩 116

结语　接下来做什么？ 131
　　　教师 131
　　　管理者 134
　　　写在结尾的话 136

资源 138
致谢 140
参考文献 141

第一章 云存储

把个人数据存储到远程服务器上已经不是什么新鲜事了。多年来，教师们已经可以把个人文件存储到本地网络和服务器上。把文件存储到网络上被许多人认为是过去十几年的大变革。教师和学生可以在学校之外获取文件，从而有了更多的时间去工作，拥有了更好的学习渠道。

文件从本地服务器迁移到网络之后，学校就可以削减购买和维护网络服务器的费用。如今，文件云存储需要学校和学区在涉及保护学生数据方面改变一些传统思维方式。采用云技术将需要我们"相信"自己选择存储文件、备份数据的企业。

安全性

许多学校或学区对于学生文件存储在云空间里的一个重大忧虑就是安全性。我们需要确保学生的东西在网络上得到保护，其他任何一方都无法获取此类学生信息。在这个数据盗窃时有发生的世界里，学生们会对云存储放心吗？

远程文件存储已经存在了一段时间。多年来，许多学区和学校都已为教师和学生提供了使用共享网络驱动器的权限，他们因此可以把文件保存到该栋建筑内的任意一台电脑上。对于很多教师而言，这是一个伟大的办法，因为他们不用再担心自己的电脑硬盘被各种文件塞满了；对于学生而言，它提供了一个存储文件的空间，使得他们随后可以继续学习。文件经过备份和存储在共享网络服务器上，而这些服务器则由学区或学校技术人员保护和维护。

问题就出在这里：学区和学校能够投入到保护学生和教师信息免于黑客攻击的资源、人力很有限。即便你的数据有本地防火墙保护，仍然有被外部攻击的可能。

学区和学校将文件从本地服务器转移出来之后，就获得了前所未有的安全保障。外部入侵者所面对的不再是一小撮地方雇员，而是谷歌或微软等企业上千名专业的安全专家。

"我们每天晚上都会备份数据，并且雇用员工来进行常规渗透和稽查测试，以持续地检测安全设备的极限，"布鲁明顿（伊利诺伊州）87学区技术主任吉姆·彼得森描述道，"我们能够提供学校本身负担不起的百万层级安全防护。"

教师们认识到在线存储文件的益处大于云存储的细微风险。许多教师甘愿冒险，因为他们看中的是时刻通过网络获取文件的价值。

我认为许多教师是无意识地在云空间存储东西。邮件、图片、文件都存储在云空间里，许多大型软件企业也都紧跟谷歌的步伐，推出各自软件的云版本。世界500强企业正在云空间里做生意。虽说万事万物没有绝对安全的，云空间却已成为生机勃勃的安全所在。

权限

也许云存储的最大裨益就是权限了。世界有赖于直接获取信息的权限，学校也不例外。文件从本地电脑或设备转移到在线存储后，教师和学生就能够按需随时获取、使用他们的文件。

回想一下几年前是什么状况吧。学生要在学校的微机室里做项目。截止期限的钟声即将敲响，学生急匆匆地备份文件，以供后期使用。有些会翻遍包包寻找优盘保存文件，有些则手忙脚乱地把文件保存在桌面上，寄希望于随后附到邮件里发给自己。许多学生会在这样的世界里如鱼得水，有些就不能了。

现在设想一下项目储存在云空间之后的学生世界。铃声即将敲响，学生自信满满地点击"保存"（许多应用程序都是自动完成这一步的）。成了！无须惊慌，无须疯狂地寻找存储设备，无须千辛万苦地闯过学区防火墙，只需轻点保存，项目就在线存储成功了。

采用云工具之前，我的学生不得不把项目保存到网络硬盘上，如果想在家里继续进行的话，他们就得把项目通过邮件发送给自己，因为学校的电脑上不允许使用闪盘。云工具不仅解决了这个问题，还让学生能够轻易地与其他学生共同创造和协作。

技术世界处于不断的变革之中。仅仅数年之间，我们就看到设有微机室的学校转变成了满是携带移动设备的学生的大厅。技术在迅速发展，我们需要使用多种多样的设备获取、使用我们的信息。学生可以在学校里用笔记本电脑开始一个项目，回家后再用平板电脑完成它。云工具使得教师和学生能够在不受制于设备的情况下获取、使用文件，而这只需有网络连接即可。

容量

随着信息时代的持续扩张与发展，我们对储存容量的需求也在与日俱增。在过去，将文件附到邮件中就已令人心满意足，如今对存储的需求却越来越高。学生们平常接触的多媒体文件都有上百兆字节，我们要使用大型存储驱动器才能满足现代课堂的需求。

使用云服务的学生现在常常能得到以 G 为单位的容量，这样的存储空间足以备份他们所创建的每一个学校项目。云空间越大，他们的选择就越多，因而不必再把文件这里放几个，那里放几个。对于教师们而言，30GB、50GB 乃至 100GB 的容量就意味着他们可以把学校电脑上的整个数字图书馆备份保存下来。

网络随身碟（Dropbox）是我存储一切东西的默认驱动器。我电脑上的空间省了出来，同时又能持续获取、使用我的文件。

网络随身碟、谷歌云端硬盘和印象笔记等应用程序为学校提供了在线存储文件的绝妙选择。除了简单地备份学生和教师数据之外，这些应用还正在变革我们在线工作的方式。在接下来的几个章节里，我们将探索学生和教师如何把谷歌云端硬盘、网络随身碟和印象笔记作为高效的云学习工具来使用。

网络随身碟

总览：关于网络随身碟你要知道的 5 件事：
1. 网络随身碟基本版为教师和学生提供 2GB 的可同步存储空间。
2. 文件可同步至各种设备，如平板电脑、笔记本电脑和手机等。
3. 公共文件夹使得用户能够分享文件链接给他人使用。
4. 网络随身碟自动创建图片链接。
5. 用户可与他人分享文件，从而形成使用便捷的社区文件夹。

网络随身碟是什么？

你是否有过正在学校编辑某个文件，却到了回家时间的经历？想必大家都想找到一种方式：无须通过电子邮件发送文件或存储到移动硬盘中，就能轻而易举地带走它。网络随身碟就是云空间存储和同步你所有重要文件的法宝。

网络随身碟通过云空间将你的文件从一个设备转移到另一个设备上去。每一台个人设备都通过你设置的单一账户相互连通。在电脑上，你可以访问网络随身碟网站来使用你的文件；在平板电脑或移动设备上，你可以通过网络随身碟应用来获取相关内容。无论采用哪种方式，文件都会通过云空间自动备份和同步。如果我在一台电脑上中途停止编辑并保存文件，那么它会原封不动地保存至与同一账户相关联的其他设备上。

网络随身碟的功能

网络随身碟有 3 个独特的功能供用户上传并与他人分享不同的文件。

图片。几年前，网络随身碟增加了图片文件夹功能。当时看来，它跟网络随身碟内的其他文件夹没什么两样，但仔细查验后，你会发现它的一个独特的小功能使得它出类拔萃。加入图片文件夹的任何图片都会立即收到一条独一无二的链接，如此一来，分享图片易如反掌。

摄像机上传。网络随身碟致力于成为你的在线图片之家。前不久，网络随身碟增加了一项上传功能，设备（摄像机、平板电脑和手机等）上的照片可以自动上传至云空间的一个文件夹内。如果你已经在使用图片服务，这个功能就会很容易上手，而且通过这种方式，图片上传和分享就很便捷了。

公共性。上传至公共文件夹的文件有独特的链接，可以轻松地与他人分享。教师们可以很方便地跟学生分享讲课提纲等材料。

存储与使用

网络随身碟为基本用户提供 2GB 的存储空间，该空间可以通过多种方式扩容。其中一种是用户邀请他人使用云空间服务。每邀请一个用户，教师和学生就能得到 250MB 的存储空间。网络随身碟还为拥有邮箱地址的用户提供了额外的存储空间。

用户只有在使用浏览器时才会出现文件大小的限制。在网络随身碟网站点击上传按钮，文件大小限制为 10GB 及以下。除了这一点，用户的空间有多大，就可以上传多大的文件。这就意味着你可以随意存储和保存大文件啦——不会再遇到附件太大而被退回邮件的情况了。

云空间中的网络随身碟

使用网络随身碟的最大优势或许就是文件同步至多种设备了。涉及各种移动设备时，例如平板电脑和手机，这一点就显得尤为顺手。同步至网络随身碟账号的文件会共享到你使用的所有设备上。对于许多流行的移动设备而言，这或许是你存储永久文件的唯一办法。

亲身体验

兰斯·莫熙儿是内布拉斯加州的 8 年级历史教师，他使用网络随身碟已经很多年了。用网络随身碟给学生和家长分享信息十分方便。让我们来听听他的故事吧：

我使用网络随身碟的方式主要有以下几种：

1. 家长和学生。家长需要了解有关课程的重要文件，我都会放在网络随身碟的共享文件夹内，家长和学生都能轻易获取。我的课程提纲、关于获取在线教科书的信息、订阅课堂谷歌日历（Class Google Calender）、从 Remind 101 收取短信提醒和浏览我的课堂推特页面等，都存放在网络随身碟共享文件夹内。

2. 社会研究系职工培训。我使用网络随身碟的另一种方式是在我作为社会研究系主任的职责范围之内。我们学校本学年的目标是增加史料在课堂和活动中的应用，这是全校性素质职业发展的一部分。我创建了一个网络随身碟文件夹，里边放着使用史料文件的讲课提纲和"最佳实践"资源，并且鼓励职工添加课程和文档等，我们整个系都可以使用这些资源，从而深化课堂上使用史料的职业培训。这个文件夹成为教师们全年在线讨论都可获取使用的共享空间。

3. 丰富多彩、电脑编程。我使用网络随身碟的最后一种方式与一组大约 19 个学生相同，他们都喜欢使用喵爪（Scratch）软件来进行电脑编程。我先给他们讲一小节课，带他们入门喵爪编程，他们可以轻易获取编程手册和课程大纲，从而深入探索喵爪世界。这门课并非教学大纲课程，与之没有任何关系，但它为学生提供了一个接触基础编程和自我探索的机遇。

对于我而言，网络随身碟的易于使用使获取文档和讲课提纲更加便捷了。我们学区使用"黑板"（Blackboard）作为课程管理平台，但是我发现家长们要在网页上点击很多次才能找到他们想要的重要内容。而在网络随身碟这里，我可以通过邮件跟家长们分享我的链接，或者也可以把链接放在我的在线网站上，家长和学生们就可以轻松获取他们所需的关键信息了。

而在与职员共享东西时，我发现相比通过学校的邮箱客户机发送大文件，网络随身碟容易得多。云空间内的共享空间使得我的职员能够更便捷地获取他们所需的东西，或者上传他们希望与我们系其他人分享的文件。

学生视角

B. 约翰，11 年级：

网络随身碟可以让你随时随地携带所有重要信息。把所有东西都保存在一个操作便捷的程序内，人们还提高了自己的组织能力。

R. 哈德利，9 年级：

我最喜欢的就是几乎可以把所有东西都放到网络随身碟里，而且它还会自动出现在你的所有设备上。无论身在何地，你都可以轻易获取。

为什么要使用网络随身碟？

对于希望在云空间存储文件的教师和学生来说，网络随身碟就是极好的办法。你可以在线上传大文件，还可以从任何有网络连接的设备上获取；你可以轻易地共享文件，同时为多个用户提供编辑一个文件的权限；网络随身碟容许你保留原始文件属性，也会保存你对文档所做的格式更改；最后，网络随身碟使得你能够随意上传图片至云空间，分享图片只在弹指之间。网络随身碟就像一个魔法文件夹，让你能够轻而易举地管理在线课堂！

更上一层楼

• 使用"上传给我"插件,拓展网络随身碟功能。这个网站为教师们提供了一个安全文件夹,学生们可以用它来提交作业。教师只需在网站上创建一个账户,然后把账户链接分享给学生,链接中会包含教师的用户名。至此,它会提示学生输入上传密码 —— 教师要把密码告诉学生。之后,学生就可以上传个人作业,同时收到一条简单的"文件已被接收"的确认信息。就是这么简单!教师们可以在网络随身碟账户内一个名为"上传给我"的文件内找到学生文档。

• 使用网络随身碟分享文件来代替邮件分享。由于网络随身碟的文件大小限制为 10GB,跟同事或学生分享大文件就很方便了。大多数邮箱处理媒体文件附件的能力很差,所以网络随身碟就成了分享视频、学生设计、图片等文件的最佳工具。

• 网络随身碟与许多移动设备应用程序兼容。你可以轻松地用苹果、安卓等设备上的多种应用程序打开储存在网络随身碟应用里的文件。这些设备共有的一个功能就是导出至网络随身碟,以存储你的移动项目。最近,网络随身碟还增加了微软办公软件编辑功能。如今,当你在平板电脑上使用网络随身碟时,也可以编辑办公文件了!

谷歌云端硬盘

总览:关于谷歌云端硬盘你要知道的 5 件事:

1. 谷歌云端硬盘为基本用户提供 15GB 的免费存储容量。拥有谷歌教育应用程序的教师的存储空间是不限量的。

2. 谷歌云端硬盘允许用户将所有格式的文件备份至云空间内:文档、电子数据表、演示文稿、PDF 和图片等。

3. 学生和教师可以轻松地共享文件,从而与他人协作。

4. 添加多种第三方课堂工具后，谷歌云端硬盘的功能可以得到拓展。

5. 谷歌云端硬盘和谷歌课堂（Google Classroom）可以协同操作，供学生上传作业。

谷歌云端硬盘是什么？

数字课堂的一个常见问题是文件管理。我的文件存储到哪里好呢？如何获取我的文件？我设备上的软件兼容哪些文件？考虑到要让学生尝试在课时结束时保存和打开文件，这个问题就愈加明显。

谷歌云端硬盘源自2012年的谷歌文档（Google Docs），是谷歌推出的适用于所有文件的云端储存系统。除了储存在线文件外，谷歌云端硬盘还内置了谷歌生产力工具：谷歌文档、谷歌工作表（Google Sheets）、谷歌幻灯片（Google Slides）、谷歌表单（Google Forms）和谷歌绘图（Google Drawing）。有了这些工具，教师和学生便可创建多种原始文件，然后通过云端储存和共享。

谷歌云端硬盘的功能

谷歌云端硬盘的最佳功能之一是实时共享文件和文件协作。点击共享按钮，谷歌云端硬盘内的任意文件就可以在同事和学生之间共享。这还不止，使用任意一款谷歌原创工具（谷歌文档和谷歌工作表等），你可以与他人实时协作。这就意味着学生们都可以为同一份文档出力，是学生们分组编辑同一文件的好办法。思考一下如今的现状：一群孩子坐在一台电脑旁，只有一个学生忙碌着。在这种情形里，谁都不是赢家！而有了谷歌云端硬盘，学生可以互相分享文件，

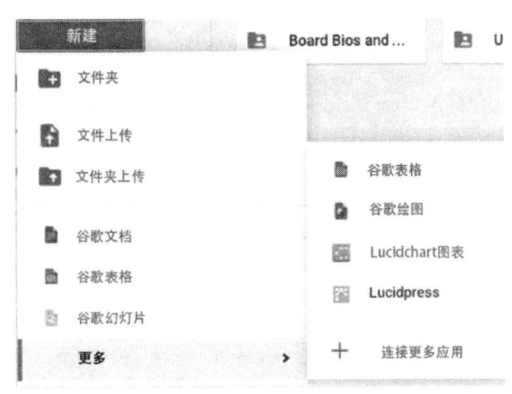

所有人都能同时出力。

教师和学生之间的协作也发生了变化。使用谷歌云端硬盘，教师能够轻松地将文档分享给学生。共享文件时，课程大纲可以是只读的，而用于小组协作的文档则是可编辑的。有了文件夹，学生就可以迅速将自己的成果共享给教师。

拓展谷歌云端硬盘

使用谷歌云端硬盘的另一个优势是可添加多种第三方应用来拓展工具。通过新菜单 > 更多 > 连接更多应用，就可以找到并添加这些工具。打开菜单后，你就解锁了蕴藏在云空间里的资源和工具宝藏库。

这些应用的其中一个优势在于许多都是免费的，另一个优势则是你可以使用自己的谷歌云端硬盘账号来获取和储存工具。云课堂不可或缺的应用有：

- 图片乐（Pixlr）编辑器。这是一款超好用的图片编辑工具，它与使用多年的大众图片编辑工具有许多相似功能。
- 微视频（WeVideo）。用户可以将视频上传至云空间并在其中进行编辑。这款工具创建的已完成项目可以储存在谷歌云端硬盘中，也可以在线共享或保存至设备。
- 移动注（MoveNote）。这款工具可以用于制作视频加旁白的演示文稿。移动注的炫酷之处在于你可以使用谷歌幻灯片演示文稿，然后添加视频旁白等其他内容。
- Lucid Chart/Lucid Press。这是 Lucid 推出的两款超强工具。Chart 用于创建课堂图形组织，Press 用于多语言排版，学生可以创建信函和宣传手册等。

谷歌课堂扩展

采用谷歌教育应用的学区可以添加谷歌课堂来使谷歌云端硬盘的功能最大化。谷歌课堂是教师发布信息和布置作业的一站式地点。下面是最棒的部分：谷歌课堂的"作业"可以与学生的谷歌云端硬盘账号直接绑定。接下来具体看看它是怎么操作的。

当教师在谷歌课堂创建书面作业时，它会自动为学生创建一个谷歌文档。学生点击该作业，谷歌文档立即打开，学生便可创建自己的项目。完成作业后，点击提交按钮，教师收到项目后就可以审阅和评分了。

这个过程的关键在于谷歌课堂自动管理文档权限。文档分派给学生时，孩子们就获得了编辑该作业的所有权限。作业提交给教师后，编辑权限立刻转换成浏览权限，教师的权限也发生了变化，他可以进行编辑和评论等。

整个过程无缝连接，学生或教师都无须做额外功。作业在谷歌课堂创建后，程序会处理其他的所有操作。这是不可多得的好工具！

亲身体验

谷歌云端硬盘是深受教师和学生喜爱的工具。罗娜·麦克因泰尔是约克大学英语系的一名教师，她将谷歌云端硬盘的使用融入了课堂之中。以下是她分享的故事，其中包括很多课堂活动案例。

> 我在一个大学员工援助项目（EAP）担任教员，不过我负责的是低年级的教学工作。学生通常是新手，我们也从最基础的着手，即学习字母表、日常物品的名称和简单的语法……代名词、名词、be动词、一般现在时和一般过去时。这里存在一个有趣的悖论，因为尽管学生的英语层次很低，他们却特别喜欢研究文学，为大学做准备。他们想学习"约会""外出就餐"和"家庭关系"之外的内容，但也是处于绝对入门级别的内容。这个层次的合适主题并没有现成的学习材料，所以我经常自己设置活动。许多学生的电脑使用经验近乎为零（玩手机除外），那么如果我要用到谷歌文档或其他网络工具，还要花

大量时间教他们基本的电脑知识。我要教他们使用鼠标、输入网址以及给文件命名等。有些学生告诉我，他们从来没接触过电脑。在外人看来，我保存的谷歌文档活动可能看起来有些低级，但它们代表了学生了不起的成就。

我想分享给大家的第一个活动是一张非常简单的图表，名为"食腐动物出击"。

我们一直在学习名词复数、数字拼写和 have、want、need 等动词。我设计了这个协作陈述活动，其中涵盖了以下所有内容。

1. 以讨论约克大学英语系（YUELI）有什么和没有什么开场（例如学生常常抱怨这里没有微波炉）。

2. 向学生展示我在谷歌云端硬盘创建的图表，给他们获取该图表的链接。我通常会在小纸片上准备一个二维码和一个地址链接，他们就可以迅速地通过手机找到文件。他们必须先登录谷歌账户，这在课程的较早阶段已经注册好了。确保每个小组至少有一个人能通过手机、平板电脑或其他设备获取该图表。

3. 派几对学生出来到约克大学英语系的大厅里（地域有限……他们不会跑太远），数一下所能找到的东西，将结果记录在图表中。在同一时刻，他们可以处于不同的位置，也能看到每一个小组输入的数字。他们可以保留这个数字，也可以在有异议的时候进行更改。我就留在教室里，看着结果不断输入。由于我们一直在学拼写，他们就必须用词语输入数据，而且复数形式要正确。

4. 15 分钟后，学生返回教室，我们浏览图表，看看是否所有人都认可其中的数字和拼写。

5. 要求学生思考这些数字。他们要一起判断是否过多、不足或有所缺失。我要求小组列出一份他们在学校里想要（清单 A）或所需（清单 B）却又不在明细之上的物品清单。

6. 全班再次开会讨论，拟好最终版"正式"许愿单，交给班级代表，供下一次学生代表大会（管理层每月组织一次）使用。

谷歌文档只是这项活动的一个小小的组成部分，但学生们喜欢目睹各小组数字输入的过程。整个活动本身让他们感觉到自己在学生代表大会上有发言的地位，从而在学校做出一些改变。

经过修改之后，这项活动适用于任意类型的"食腐动物出击"活动。

谷歌表格是我经常使用的另一个工具。在课堂之外，学生要填写周听读日志。过去，我通常是每周发放纸质表格（2 张表格 × 16 个学生 × 8 周），再收回进行评分。学生从来不会再看第二眼。真是浪费纸张！我在谷歌云端硬盘创建表格，把链接放到慕多网络教学平台（Moodle[①]）课堂里，学生只需进入慕多网络教学平台在线填写表格，再提交就行了。每提交一个，我都会收到完整的报告，而且可以在慕多网络教学平台里进行评注。分数录入成绩册，评注则直接发给学生。

使用谷歌云端硬盘省去了每周复印的麻烦，而且一旦顺手之后，我认为在给周听读报告评分方面，它也给我节省了很多时间。学生的周听读报告不会收到详细的反馈，只是为下周提出一些简短的评语和建议。真是太方便了。而且对每个学生几周以来的进展，便可以一目了然。

谷歌云端硬盘还是蒂芙尼·怀特海德 —— 洛杉矶巴顿鲁日图书馆媒体专家 —— 的最爱。她所在的学校使用谷歌云端硬盘来保障教师和学生之间的相互协作。以下是"伟大的小图书馆员"的故事：

谷歌云端硬盘有助于学生和教师互联、与其他教育者协作和收集、组织数据。我中意的是有了谷歌云端硬盘，无论我使用哪个设备，都可以随时获取我的所有文档和项目。谷歌的所有工具都深度地融合在一

[①] Moodle 是 Modular Object-Oriented Dynamic Learning Environment 的缩写，意为模块化面向对象的动态学习环境。慕多网络教学平台依据社会建构主义的教学思想，即教育者（教师）和学习者（学生）都是平等的主体，在教学活动中，二者相互协作，根据自己已有的经验共同建构知识。

起,无缝连接,充满了美感。

  谷歌云端硬盘工具中最关键的就是表单。作为图书馆员,我一直在从学生和教师那里收集信息,而表单则让我能够迅速有效地收集和组织数据。前不久,我用表单进行了一次图书馆调查,向950多名学生征求关于学校图书馆项目的反馈意见。(博客上的东西,包括图片,都可以随便用)利用表单,我很快做出了一份用户友好型表格,从而以多种形式(多项选择、核对清单、简答等)来收集学生反馈信息。学生提交回答后,结果会立即汇入一份电子数据表中,我可以操作数据,并且深入研究学生们给予的反馈。这些调查都是匿名的,学生不仅可以评价当前的图书馆服务,还可以为将来的改进提供意见和建议。作为教育者,征求学生的反馈意见对于我们评估自己的教学至关重要,而表单就是实现这一过程的完美工具。

  使用谷歌云端硬盘与同事协作十分简单便捷。教师们可以共享课时计划、演示文稿、活动说明和课程评估,并且无论他们是在同一间屋子里,还是在办公楼的不同位置,或是在自己家里,都可以同时操作这些文件。对于我而言,谷歌云端硬盘实现了全球教育者们的协作。

  我曾和地球另一端的图书馆员们一起参加过网络研讨会和学术会议,但有了谷歌云端硬盘,我们可以一同创建演示文稿幻灯片、筹划会议,并且在筹划的过程中提出问题或收到反馈。

  为学生申请谷歌云端硬盘账户还是最近的事情,但想想协作的前景就让人兴奋不已。学生在家就可以轻松获取文件,而他们的文件当初都存放在学校服务器上,非常不方便。在对文档进行操作的过程中,学生还可以跟同学协作,并且从教师那里获得即时反馈。谷歌云端硬盘与我们学校的学习管理系统社学平台(Schoology)[①] 完美兼容,方便学生获取、编辑和提交文件。

[①] 社学平台成立于2009年,是一个辅助型学习平台,为教育工作者和学生提供服务。

学生视角

R. 克洛伊，9 年级：

我喜欢用谷歌云端硬盘，因为如果我在学校开始做作业却没有完成的话，我可以回到家里，登录谷歌云端硬盘，作业还在那里。我还不用担心新版软件更新的问题。谷歌云端硬盘总是最新的！

为什么要用谷歌云端硬盘？

谷歌云端硬盘可以真正地成为你云课堂的中流砥柱。它的存储容量巨大，是教师和学生在线存储重要课堂文件的有效途径。上传和创建多种文件为用户在云端工作提供了很多选择。加入几个不同的应用程序，谷歌云端硬盘的功能就更多了。最后，谷歌云端硬盘解决了教师们和学生们小组协作的难题。谷歌云端硬盘的确应当成为你的云端课堂之家！

更上一层楼

- 创建文件夹，管理你存储在谷歌云端硬盘内的文件。你可以直接拖拽文件至文件夹内，这样就很容易保持项目的井然有序了。另外，当你向其他人分享文件夹时，其中的文件也可以自动获得同样的权限。批量分享文档，就在一击之间。

- 转换文件至谷歌格式。为了便于管理谷歌云端硬盘的存储容量，一定要把微软办公软件文件转换成相应的谷歌文件类型。找到设置菜单，轻轻点击方框，弹出转换工具，任何微软办公软件文件便可自动转换成谷歌文档、谷歌电子表格或谷歌幻灯片。为什么要这么做呢？谷歌云端硬盘内的谷歌文件是可以在线编辑的，而上传的微软办公软件文件都是只读模式。再者，微软办公软件文件占用整体存储容量，而谷歌文件却不会。转换已经上传至谷歌云端硬盘内的微软办公软件文件时，右键点击文件，选择打开方式，然后点击该工具的谷歌版本，微软办公软件文档就转换成了谷歌文件。

•管理小组学生的法门是使用谷歌文档、谷歌电子表格和幻灯片文件下拉菜单中的查看修改历史。修改历史出现后,教育者可以看到谷歌云端硬盘内任意项目的所有更改。每个学生的作业都以高亮显示,且标有时间信息,教师们便可迅速评估每个学生的贡献值。真是管理学生作业的好办法啊!

印象笔记

总览:关于印象笔记你要知道的 5 件事:

1. 印象笔记提供免费服务,但高级版的费用为 5 美元每月或 45 美元每年。
2. 免费用户每月有 60MB 的上传空间,存储空间无限制。
3. 免费账户的单个笔记数据上限为 25MB。
4. 免费账户和高级账户可创建多达 100 000 条笔记。
5. 用户可创建多达 250 个笔记本。

印象笔记是什么?

印象笔记是一款基于云端的笔记程序,目的是帮助用户"记住一切"。使用系统化的笔记本和笔记,用户可以存储想要记住的任何信息。用户可以在笔记本中加入信息笔记、图片和语音备忘等。印象笔记是一款基于网络的移动工具,只要有网络连接,用户就可以随地获取个人信息。没有网络时,也可以创建新笔记,待网络重新连接时,新笔记会进行同步。

印象笔记的功能

随时随地

印象笔记的强大功能之一是其设备兼容性,支持所有主要移动设备平台,还可以通过网络浏览器登录使用。如此一来,凡是有网络的地方,所有用户都可使用印象笔记。这还不止,使用不同设备的用户仍然可以和其他用户分享笔记和笔记本，丝毫不受设备差异的影响。对于支持自带设备的课堂和学区而言，这真是再完美不过了。有了印象笔记，教师们可以将笔记分享给学生，而且不用担心学生家里是否有相应的设备。

铃声与哨声

印象笔记的许多强大功能使得所有用户创建笔记轻松自如。

提醒。用户可以为每一个笔记设置每日提醒，在移动设备上通知用户查看笔记。对于通过创建笔记来记住每天要完成的多项任务的用户来说，这简直是完美了。

复选框。喜欢做完一项就勾掉一项的用户，可以给笔记添加小号复选框。对于进行课堂作业过程中核对各个部分的学生而言，这也是相当方便的。

附件。用户可添加多达 25MB 的附件，其格式可以是演示文稿、PDF、JPEG 或用户想要获取的其他文件。

网格。用户可创建不同大小的网格，以更好地管理笔记里的信息。它可以用来将不同日期要做的工作分类，或者为不同的作业添加标题。

语音备忘。打字不方便时，用户可以在移动设备上创建语音备忘。该功能可用于在共享的笔记本或笔记中给学生作业提供反馈。

标签。每个笔记可以添加多达 100 个独立标签，将信息分类，供将来使用。

工作群聊。通过工作群聊，用户可以在笔记、笔记本内与他人互联并分享信息，从而将印象笔记内的协作提到了一个新的层次。

亲身体验

贝卡·斯宾克是澳大利亚的一名教师，她利用印象笔记来让学生参与到课堂中。她是印象笔记的形象大使，已有多年的使用经验。咱们来听听她的说法：

预先做好准备，所有课程资源轻松获取且组织有序，这是印象笔记在课堂大有益处的原因之一。在教课之前，我会创建一个笔记，确保

> 信息　　劳伦　　联系人
>
> 我喜欢用印象笔记……我班里有3个孩子今晚在家里做作业，然后分享给我……孩子们兴趣十足啊！期待明天见到你！！XX
>
> 哦！真是太棒了！等不及要看看再听你讲了！！！:-)

我把教学内容传达给学生。为此，我会使用演示文稿模式。我喜欢演示文稿的白屏——没有分散注意力的东西，眼前也没有菜单——学生可以把精力集中在我要讲述的内容上。由于我经常在学校活动授课（我没有专属课程，也没有任何常规课程），所以我会通过公共链接功能创建二维码，把笔记分享给学生。学生进入教室后，二维码以印象笔记的形式显示在大屏幕或交互式电子白板（IWB）上，他们便可立即访问课程资源，然后把笔记保存到个人账户内，写下有关课程或完成任务的笔记。这对于整个班级和小组都同样适用。

在澳大利亚公立学校读书的五六年级学生通过博客收到作业布置，这个博客是由学生在 2013 年的一个挑战性学习单元中创立的，之后一直沿袭了下来。在澳大利亚公立学校，作业不是强制性的，但是，今年有许多学生主动在印象笔记中完成作业，并且分享给教师，着实让人高兴。学生主动，教师开心。

在一节写作课上，学生们正在辨别作者如何使用比喻来描述场景。他们用印象笔记应用内的圈点（Skitch）[①] 注解把写作片段高亮显示，以记述作品中的感官细节。

学生把这些课程资源和作业保存到印象笔记的优势在于，当他们自己动手写作、阅读或需要参考某个数学概念或课程的时候，他们知道东西已经保存在印象笔记里了，很容易就能找到并加以应用。他们不必浪费时间去翻课本，东西就在面前，触手可及。如此一来，他们在课堂上就变得更加不受约束，也无须经常提出太多问题——他们掌握了主

[①] 印象笔记旗下优秀的图片标注工具，用来标注、分享图片。

动，记得而且可以检查已经做完的工作。

大多数学生用不同科目的笔记本来管理账户，还有一个与教师和家长共用的文件夹笔记本。我喜欢这种透明性；以往我发现小学中的高年级学生很少跟家长说自己在学校做了什么。与家长分享笔记本使得家长能够追踪或了解孩子的学习进展。进行家长会和三方会议时，学生、教师和家长都组织有序，对早已在印象笔记内共享的问题有很多话题点。

学习目标

我们要学习的是在作品中增加描述性细节，从而在读者的脑海中创造出一个画面。

成功标准

我们应当能够：

- 像作家一样阅读；
- 找出能够引起感官反应的词句和短语；
- 解释描述性语言如何让读者身临其境。

英语 / 6 年级 / 文学 / 文学测试

内容描述

辨别叙述文本和诗歌（民谣、五行打油诗和自由诗）等。
文本的文字、音节、图像和语言模式。

阐述

- 弄清语言选择和比喻与构建情感联系及故事或主题的互动。

- 通过叙事诗表现的角色经历描述对学生个人产生影响；作者是如何控制这些经历的展开的；整体理解后，故事是如何为其高潮铺垫的。

英语 / 6年级 / 文学 / 文学创作

内容描述

练习文本结构和语言特征及其在文学创作中的作用,例如应用比喻、句型变换、暗喻和词语选择。

阐述

- 选择、使用感官语言来形象地表达半结构式诗体中的地点、情感和事件。

全班聚焦

引入术语"像作家一样阅读",讨论其含义。

问。作者如何利用比喻来塑造他们的作品呢?

讨论回答。学生将想法写入网页故事墙。

班级集体为感官性细节下个定义。

阅读范文,出声思考,身临其境。找出范文里的感官性细节。提出下列问题以引发思考:选文中的哪些词句和短语引起了感官反应?使用圈点在印象笔记中做注解。以班级为单位,找出场景,并列出形容触觉、听觉、味觉、嗅觉和视觉的词句和短语。

学生独立实践

学生在教室内研究作品选段。学生以"作家"身份朗读选文,使用印象笔记中的圈点来标注选文中营造画面感的感官性细节。学生找出场景,列出描述感觉的词句和短语。

反思

回到网页故事墙上,添加更多想法和细节。讨论、分享学生找到的选文和优秀范例。

评价印象笔记作品范例和网页故事墙回答。

学生视角

亚历桑德拉,9 岁,5 年级:

我喜欢用印象笔记,因为它整洁有序,我可以轻松地找到我的笔记;阅读时,所有笔记都集中在一起,而不是四处分散。

安希摩斯,11 岁,6 年级:

我喜欢用印象笔记,因为它让我的成品井然有序,我从来没丢过成品,因为都储存在云端里,而你还可以阅读我的作品。

C. 卡洛琳,10 年级:

在英语课上使用印象笔记是这一学年最棒的选择。它特别好用,不必担心到处寻找笔记、功课和作业等。所有东西都集中在一处,轻点按键即可随时访问,为我节省了很多时间,也让我更有组织性。

B. 路易斯,10 年级:

印象笔记让做学生变得更加容易了。在课堂上就能用手机访问我的所有笔记提高了效率,让我学习更棒。在我学习的时候,我可以迅速找出手机上的笔记。如果我对即将布置的功课有想法,我可以轻松地把它和我的其他信息放在一起。

为什么要用印象笔记？

对于希望随时随地记笔记并访问笔记的人来说，印象笔记就是完美的工具。用户可以将图片和 PDF 等存储在印象笔记中，使得信息管理更加便捷；对于教师来说，印象笔记可以用于课程设计，因为他们能够随身携带所有功课和想要访问的每日工作信息；对于学生而言，印象笔记是完美的帮手，他们无须再带着不同的笔记本从这一节课跑到下一节课，因为所有的笔记和笔记本都能在口袋里的个人设备上找到；对于采用自带设备模式的学校而言，印象笔记也是得力助手，因为它兼容所有平台，所以不需要担心为学生和家长下载软件的问题。印象笔记把用户的所有信息储存在云空间内，用户可以在需要时调出文件。印象笔记的目标是帮助人们"记住一切"，而这正好迎合了学生和教师们的需求。

更上一层楼

• 创建涵盖课堂上所有功课的共享笔记本使得学生能够从个人设备上加入和访问任务。另外，家长也可以加入这些笔记本并访问作品，帮助学生在学年内完成任务。

• 教师们可以在所有任务笔记上设置提醒，以便加入该笔记本的教师和学生都能在个人设备上收到提醒推送。

• 课堂演示文稿的幻灯片可以保存到印象笔记共享笔记本的笔记中，供所有学生在将来访问和复习。

第二章　云端沟通交流

随着各种激动人心的新工具的出现，沟通交流已经发生了翻天覆地的变化，教育者、家长和学生务必好好利用它们。谷歌环聊（Google Hangouts）、无线电（Voxer）等许多其他工具让人们能够更进一步地沟通和交流，从而更好地辅助学习。这个学习过程是涵盖学生和教育者双方的。云端沟通交流确实存在诸多问题，但科技公司正竭尽全力保障所有人的隐私，让沟通交流更加迅速、安全。即便如此，教育事业的所有相关方都应当使用这些工具，让自己的学校芝麻开花节节高。

谈到科技，隐私总是一个绕不开的话题。从最大的公司到最小的创业公司，隐私是每个人都必须认真对待的东西。尽管过去有过安全漏洞问题，但这些问题都已经得到了解决，并且采取了安全措施来保护用户信息。黑客与科技公司之间的战争将永无休止，但不应因噎废食，从此不再使用云端科技来进行沟通交流。有了正确的安全措施，家长、教师和学生们都可以安全地使用云端工具。

在把某种工具应用到课堂之前，教师们应当进行全面的调查，并密切关注他们所要求的信息；个人账户应与学校账户分开，创建特殊账户，专门用于学校链接和课程，这样就能防止个人信息在教室里被学生看到；查看教学楼或学区对于学生采用网络程序互动的规定。每一个学区的规定各不相同，所以一定要遵守。最后，教师们还要告知家长：学生将会使用云端科技与课堂之外的其他人沟通交流。家长或许会对此类连接的安全性有所顾虑，所以教师一定要深入研究，把学生连接后可能获得的积极体验分享给家长们。使用这些强大工具的原因有很多，以下是几个有助于教育者入手的方面。

过去，放学之后再给学生和家长传递信息是非常困难的。要给每一个学生家庭打无数次电话，这对于跟学生和家长分享新的重要信息而言，近乎不可能实现的。如今的云端沟通交流工具达到了随时与任何人沟通交流的要求。"提醒"（Remind）应用程序允许用户获取文本信息提醒。教师可以开设一堂课，教学生和家长加入"提醒"，从而在放学后共享作业提醒。如果安排有变，共享信息可以迅速通知家长和学生，让他们有所准备。教师还能在"提醒"中添加文档附件，如此一来，许可回执和其他重要档案就可以短信发送，避免遗失或遗忘。

印象笔记提供了创建共享笔记本服务。凡是获得访问这些笔记本权限的人，都可以在里面创建和阅览笔记。学生在共享笔记本里放入新笔记后，就可以获知课堂布置作业的最新信息。学生能够访问这些笔记，就意味着他们获取信息的权限扩大，完成作业或提交正确表格的可能性也有所提高。创建和分享信息便捷无比，教师们就可以更高效地与班级学生沟通交流。印象笔记还为用户提供了推送提醒服务，家长和学生可以随时获得信息。云端沟通交流并不局限于发送信息。

视频会议是一个完全来自科幻的工具。过去看来，语音通话功能仿佛一场梦，但如今已经成为现实，而且是云端沟通交流不可或缺的一部分。讯佳普（Skype）为用户提供了强大的视频通话功能。只要用户连上了网络，就可以面对面聊天。对于有些人而言，面对面的交流是十分重要的。如果用户的手机上安装了讯佳普软件，便可以在对话的同时参观新居或展示学生作品。可动性和视频对话为用户提供了许多令人兴奋的可能性。如果一位家长无法参加家长晚会，进行讯佳普视频通话便是教师的最佳选择，如此一来，重要会议可以照旧举行了。如果学生生病在家，通过讯佳普视频接入课堂，即便学生不在课堂里，他们仍然是课堂的参与者。讯佳普并非是唯一能用于视频会议的工具，谷歌也有一款工具可以实现视频对话等功能。

谷歌环聊强化了视频对话功能。群聊很棒，但有时候有些工作需要同时进行，怎么办？使用谷歌环聊，用户无须在多个窗口之间切换，而是可以同时处理一个文件。沟通交流与协作被整合到了一起，可谓完美搭档。这种类型的沟通交流与协作对于教师和学生来说至关重要。下面来看看阿曼

达·C.戴克斯老师的说法:

> 它可以实现实时协作和个人协作。有时候,我喜欢实时协作,但常常因为工作或孩子而无法做到。所以我很高兴能够在方便的时候参与其中。

值得关注的是"实时协作"。使用云工具发起单向沟通确实很有用,但通过视频会见学生来帮助他们写论文就弥足珍贵了。通过这种实时联系回答几个问题,就能帮助举步维艰的学生避免许多严重错误。有些教师甚至在工作时间也会在线,随时回答学生或家长提出的问题。学生的生活日趋繁忙,所以他们可能会在课外活动之后才会提出问题。云端沟通交流工具使得教师能够在灵活的安排下触手可及。讯佳普和谷歌环聊兼容移动设备,所以教育者甚至可以随时随地参加会议。如此一来,教育者就可以对学生产生切实的影响,并在小问题变成大问题之前就把它们解决掉。沟通交流顺利进行,学生就可以大展身手。这些云端工具还会打破课堂的限制,为他们打开一扇通往世界的大门。

安柏·特曼恩校长对云端沟通交流的喜爱在于:"它具有与全世界的人异步连通的功能。"这是云端沟通交流的一个关键点。过去,课堂在与全世界的其他人连通方面大受限制。几十年来,笔友成了课堂的主要产物,但现在已经今非昔比。学生无须再等着信件漂洋过海,而是用博客就能迅速建立联系。同样的信息可以分享到博客上,不用再满世界跑了。互动变得迅速和快捷,近乎弹指之间就能获得反馈。学生把信息分享给读者,第二天就能看到回复。不仅如此,在放学后,学生还可以在家里继续进行这些对话。把博客作为一种沟通交流工具,学生不必到学校就能与全世界的新朋友保持联系。推特让课堂上分享这些博客变得更容易了。

在云端沟通交流方面,推特的功能十分强大。除了能在140个字或更少的字符内分享信息外,推特还可用于创造远远超出一条信息之外的联系。全世界的教育者都在用话题标签#聊聊孩子们(#Comments4Kids)来分享学生在教育社区内的行为。学生使用这个话题标签,他们的博客就有了世界的观众。而在以前,他们只有一个观众,那就是他们习惯于获取写作任务的教师。科技主任米歇尔·铁姆斯特拉说:

> 云工具跨越了时区和地域限制,为人们提供了获取信息的便捷途径。在教育方面,云工具使得学生能够在实体课堂之外互相沟通,并且构建了没有墙的虚拟教室。

推特的强大功能使得它允许教育者为学生创造此类联系。教育者可以联络愿意跟班级进行推特对话或视频通话的作家或专家,学生便可一睹最喜爱的作家的真容。这种联系对学生学习有着深远影响,而这只需一条简单的推特。

沟通交流从来没有如此便捷。云工具实现了随时随地的实时沟通交流。詹妮弗·邦德老师对云端沟通交流的总结可谓一针见血:

> 云工具让我可以随时随地使用任意设备与学生、家人和个人学习网络进行沟通交流。无论身在学校或其他地方,创作、协作和沟通交流都可以实现,学习有了无限可能,连通无所不在!

强大的工具为教育者、家长和学生们提供了无限可能,让教育更加触手可及。当学生不再觉得学习是一种负担时,他们会更加投入。教育者使用云工具为学生打开一个充满无限可能的世界,给传统课程增添了趣味性。隐私问题依然存在,但在教育中应用云工具的正面因素远远多于隐患。

推特

总览:关于推特你要知道的5件事:
1. 可以用推特创建个性化课堂话题标签,收集1年内的学生和教师推特。

2. 在课堂讨论中，推特可以作为私下途径。
3. 推特上可以分享图片和视频，家长能够了解课堂动态。
4. 教师可以通过推特直播野外旅行，让家长和社区共同体验。
5. 可以与其他课堂连通，分享对共同课程的想法。

推特是什么？

推特是一个微博网站，用户向粉丝发布的内容称为推文，字符限制为140个。非注册用户可以在推特网站上浏览公共推文，注册用户则可以发布推文，并与其他用户联系。推特用户可以发布图片和视频。在教育方面，教育者可以通过推特关注多个话题，与他人连通，分享想法，提高职业素养。推特还能以多种方式为课堂的学生所使用，引导他们在放学后参与学习进程。

推特的功能

发推文。推特最基本功能的就是发送多达140个字符的信息，其中可以包含链接或仅仅向全世界问个好。

话题标签。用户可以为推文添加话题标签（#），方便他人搜索具体标签时能够参考。教师们使用 # 教育会话（#EdChat）话题标签来分享其他教育可能感兴趣的想法。

图片。用户可以在推文中添加图片供其他人浏览。

视频。用户可以拍摄、编辑长达30秒的视频并在推特上分享。这就将推特上的沟通交流提高了一个层次。

私信。发送私信，其他推特用户无法看到。

群组私信。这个最新功能实现了多人私信。

一起会话吧

推特的另外一个强大功能就是"会话"。"会话"是专为教育者聚在一起讨论具体话题而设计的，持续一个小时。以下是值得一看的推特会话：

#1 对 1 会话（#1to1Chat）　　东部时间每周日晚上 9 点钟开始，教育者可在 1 对 1 环境中对话。

　　# 英语会话（#EngChat）　　以英语语言艺术为主题，东部时间每周一晚上 7 点钟开始。

　　# 教育会话（#EdChat）　　这是第一个教育会话，东部时间每周二晚上 7 点钟开始。话题由当周较早时候进行的投票决定。

　　# 密歇根教育（#MichEd）　　这是诸多州政府组织的会话之一，东部时间每周三晚上 8 点钟开始。尼克经常参加 # 密歇根教育会话。

　　#UTed 会话（#UTedChat）　　这也是一个州政府组织的教育会话，中部时间每周二晚上 9 点钟开始。杰拉德也会参与其中。

　　# 数学会话（#MathChat）　　东部时间每周四晚上 7 点钟，数学教师聚在一起讨论数字。

　　# 天才会话（#GTChat）　　专为遇到天才学生的教师设计的会话，东部时间每周五晚上 7 点钟开始。

　　# 周六会话（#SatChat）　　周六早起讨论一般教育问题的会话，东部时间上午 7:30 开始。

　　教师们还可以找到并参与更多类似会话，不仅如此，任何教师都可以创建个人话题标签会话，与志同道合的教育者们互相沟通交流。

　　其他话题标签

　　# 聊聊孩子们（#Gomments 4Kids）　　教育者用这个标签把已经关注学生博客的其他教育者联系起来，其目的在于为学生及其想法提供更广泛的观众。

　　# 谷歌教育应用（#GAFE）　　在课堂上使用谷歌教育应用并且想和其他学区保持联络、分享资源的教师们，可以关注这个话题标签。

　　# 基于项目的学习（#PBL）　　在课堂上采用基于项目的学习模式的教师们都在使用这个话题标签。

　　# 天才时间和 #20% 时间（#GeniusHour 和 #20%Time）　　寻找资源

和在课堂上采用"天才时间"和"20%时间"的其他教育者时,这个话题标签能帮得上大忙。

#教育科技(#EdTech)　　通过这个会话,教师们可以找到能用于课堂的新工具。

亲身体验

菲利普·康明斯是田纳西州孟菲斯市的一名6年级教师,他在课堂上应用了推特,创造出了一节十分有趣味的课程。来听听他的说法:

首席推特官

我今年在课堂上用推特尝试了一些新东西。我在6年级阅读课上设置了一个首席推特官。几年前,我注册了一个班级推特账号(@MrCsClass),但是没怎么用。我偶尔会分享一些学生正在学习的东西和课堂上的活动,但那常常是出自我的视角,而且断断续续的。我想让今年来个大变样。我想让学生们提高参与度,而且要经常分享出来。希望首席推特官轮值工作能够帮得上忙吧。

我们学校有个专门的话题标签#PDSmem,我的办公室里也有一个专门的推特设备。2013年,当我在美国国际教育技术协会(ISTE)的时候,我收到了一台免费Surface平板电脑,我想把它融入到学习环境中去。Surface为我提供了管理权限,也为学生提供了他们所需的便捷访问。目前为止,我很欣赏它所起到的作用。

给全班同学介绍推特时,我在课堂开始给他们分发了讲课提纲,让他们用来进行"推文练习"。我们讨论了人们会对我们学习过程的哪些方面感兴趣,以及如何利用推特来连通全世界的学习者,探讨了图片、话题标签和链接以及我们所分享的内容对他人的价值。在进行其他课堂活动的过程中,学生要写1—2条推文。课时结束后,学生要交回"出场券"——讲课提纲——才能离开。下面是我拟写的讲课提纲。

推特练习

为今天的课堂拟写一个好的"标题"推特。

_____

_____

_____

写出你对今日课堂的"深度问题"推特。

_____

_____

_____

写出今天学习的"突出特点"推特。

_____

_____

_____

写出与我们学习互通的、课堂之外的"联系"推特。

_____

_____

_____

原创一个与我们学习有关的推特。

_____

_____

记住：推特末尾要注明学校话题标签、相关话题标签和你姓名的首字母。理想的推特在 120 个字符以内，这有助于他人转发和评论。

（下一次我可能会让学生通过谷歌表格发送他们的推特，但第一次练习时，我希望用虚线来让他们看看能写多少个字符。）

我拿来班级花名册，安排学生担任不同日期的首席推特官。当首席推特官走进教室时，他会拿起 Surface 平板电脑，在上课过程中发几次推特。这个实验刚进行了没几天，但到目前为止，孩子们的表现很不错。以下是他们的几个推特范例。

正如我之前所说，这是一个良好的开端。希望随着这一学期的进行，我们能够与其他学习者和其他课堂建立联系。我们很乐意与世界联系，同时结交一些友人。

直播了不起的盖茨比

使用推特的另一个创意方式是根据阅读课上涵盖的小说建立账户。我根据学生们正在读的《了不起的盖茨比》(*The Great Gatsby*) 创建了一个账户，并且实时推送其中的故事。以下是一些推特范例。

我玩得不亦乐乎，也让同学们在读完推特来上课的时候参与到角色及其行为的讨论中去。在分享故事的有趣内容以及用不同的方式来介绍主题和象征方面，推特发挥了重大作用。

学生玩得趣味丛生，也想为一些角色创建自己的账户。他们在课堂上分享账户，我们讨论了那些推文是否准确，为什么角色会有那样的想法。有了推特，学生们开辟了与故事产生联系的蹊径，课堂讨论也变得别开生面。

康宁思先生的课堂
@MrCsClass

今天我们明白了，我们是无法了解自己的
我们#架构了解自己的桥梁。#PDSmem/RW

2013年8月19日·下午5:06

1转发

康宁思先生的课堂
@MrCsClass

今天我们通过观察、思考和怀疑展示了纳粹入侵期间
波兰和丹麦的区别。#PDSmem/SDK

2013年8月29日·下午3:21

1转发

康宁思先生的课堂
@MrCsClass

儿童博客第一弹。bit.ly/6B2013#PDSmem/GC

2013年9月4日·上午9:59

3转发

学生视角

M. 哈利，10 年级：

推特让我与课堂的联系变得更加便捷，我可以在推文资料中看到我的作业。如果我要提问的话，只需要给普洛文萨诺老师发一条推特就能找到他。

为什么要用推特？

推特是一款能让教育者与全世界的其他人相互连通的强大工具。虽然字符限制在 140 个以内，许多谈话和联系可以先从推特开始，再通过电子邮件或视频会话进行深入交流。教师们可以随时随地找到有助于职业发展的内容，他们无须再用谷歌来为教育问题寻找最佳答案，因为专家们都在用推特，而且乐于加入对话的分享。有句话说得好：房间里最聪明的人就是这个房间。对于教育者而言，推特的作用正在于此。

更上一层楼

- 如果学生年纪太小，没有达到创建推特账户的年龄，可以让他们写纸质推文，然后再发布到公告板上。推文内容可以是当天学到了什么，或者刚开学有什么感受。
- 邀请流行小说作者，让学生就他们最喜欢的角色和事件提出问题。
- 要求学生与政治家对话，向他们提出有关时政的问题。

提醒

总览：关于"提醒"你要知道的 5 件事：

1. "提醒"是一个集教师、学生和家长为一体的信息系统。
2. 教师、学生和家长之间不会共享联系人信息，如电话号码或电子邮箱地址。
3. "提醒"是可用于安卓和 iOS 系统的免费应用。
4. 教师们可以发送图片、文档、演示文稿、声音片段或 PDF。
5. 信息可以提前设置为延后发送。

"提醒"是什么？

沟通交流是课堂上的一个关键，但与当今的学生保持联系变得越来越困难。他们常常从一个活动转向另一个，而电子邮件效率又不高。家长跟学生一样繁忙,却也想待在圈子里。"提醒"是一个安全易操作的工具,教师可以轻松快捷地与学生和家长沟通交流,让他们了解每日课堂活动。

"提醒"是一个免费工具,教师可以发送大量信息,并且不需要获取学生的私人电话号码,学生也无须获取教师的电话号码。在美国的K—12教师群体中,已经有35%的人在使用"提醒"。

教师创建"提醒"账户后,再将口令分享给学生和家长。学生和家长将口令发送给"提醒"为教师提供的账号,就能加入课堂了。加入课堂后,他们将会通过安全信息收到教师的信息。"提醒"上分享的信息无法编辑或删除,每个教师都可以下载全部信息历史。在当今高速化的世界里,迅速而便捷地发送信息是至关重要的,而"提醒"找到了解决这个问题的法门,同时还能保障用户的隐私。

"提醒"可以通过网络浏览器或安卓、苹果设备上的免费应用来访问。当许多班级需要获得同样的信息时,教师可以创建多个班级,并将它们添加到同一个文本的接收人那里,以节省时间。针对具体班级的文本信息可以嵌入网站,供无法获取信息的人浏览。

"提醒"的功能

"提醒"不仅仅是给他人发送信息这么简单,用户还可以添加各种各样的附件。

图片。给班级和家长发送图片是分享课堂上日常活动的重要方式。野外旅行的图片和项目图片等,只要是教师想让别人看到的东西,都可以安全地发送给整个班级。

语音片段。若觉得一张图片和寥寥数语还不够,"提醒"还为教师们提供了发送语音片段的功能。语调在发送信息中扮演着重要角色,所以语音片段可以确保所发送的信息按照教师预设的方式被人接收。这是强化学生、家长和教师之间交流的又一个工具。

文档和PDF。有时候,确保某些文档或传给学生非常重要。这些文档可能是许可回执或学习指导。很多时候,学生会遗失这些重要物品,从而出现遗漏。通过发送信息给家长和学生，相关人员都可以获得所需文档的数字版本。这对于创造无纸化课堂也是极好的办法。

演示文稿。有时候，学生会想看到教师在课堂上分享的演示文稿。现在简单了，教师可以直接把演示文稿发到学生的手机上，学生便可以随时随地在移动设备上温习演示文稿了。学生访问信息的途径变多，就能为课程做更好的准备。

标记。学生收到教师的信息后，只需发送标记即可，无须再进行全面对话。学生可以回复对号、星标、问号或×，让教师知道他们已经收到刚刚发送的"提醒"。这种方式便于你来我往的交流，同时又无须展开完整对话。

会话

用户有时候要进行一对一会话，而"提醒"就具备这项功能。有了这项新功能，双向沟通交流变得更加安全便捷。学生可能遇到了作业中的具体问题，需要找教师解答，或者家长对即将到来的野外旅行或晚间会议有疑问。"提醒"的双向沟通交流的安全性在于无须共享个人信息，并且所发送的信息无法删除或编辑（所有人都能访问聊天历史）。"会话"是发行时还未推出的新功能，但我们强烈建议你访问"提醒"官网或下载"提醒"应用，来看看这个能让你和学生、家长的沟通交流提高一个层次的炫酷工具。

所有这些功能都体现了在课堂之外，与学生、家长互联互通的便捷程度。有时候学生请病假、看牙医、参加体育活动，或者出于其他原因而无法到教室听课，学生或家长也无须遍寻网站或给教师发邮件，只需等教师发来一条信息，他们所需要的一切都包含在了这一条信息中。

亲身体验

布莱恩·S. 福来德兰德博士是一位教育学教授，他看到了把"提醒"应用到教学中的价值，认为这是课堂上与学生加强沟通的好办法。咱们来听听他的说法：

刚开始听说"提醒"时，我为它所能提供的无限可能性十分感兴趣，但真正在课堂上使用的时候，我才明白它有多强大！作为教育学教授，我教本科生和研究生辅助技术课，虽然我能用邮件，但如今学生们的邮件太多了，我的邮件如泥牛入海，不见踪影。"提醒"的信息服务犹如天赐。如果你还不熟悉"提醒"，教师可以用手机或电脑免费给学生发信息。信息上传至服务器，服务器限制信息接受者回复，所以教师就无须公布个人电话号码。迅速给学生发送一条信息，并且我知道他们一定会去看，这是非常重要的，而且自从我开始用它之后，它是出乎意料地好用。

每学期开始的第一堂课，我都会让学生注册"提醒"的信息服务。"提醒"每更新一次，学生的注册就更加便捷，几分钟时间，我的学生就全部注册好了。飓风桑迪来临时，"提醒"给我帮了大忙，因为在其他沟通方式全部失效的情况下，我仍然能够与学生们保持联系。每当学院有什么消息，我都能给学生发送信息，让他们随时了解情况。信息所需要的带宽很小，所以能够在其他沟通方式行不通的时候也能发送出去。过去的两年里，我一直在用"提醒"来提醒学生们的预定日期和预约。最近，"提醒"推出了新功能，教师可以向班级里的学生小组（最少3人）发送信息，这在为学生提供辅导和指导方面大有裨益。在会面当天，我可以把信息只发给那些傍晚时与我见面的学生，而且我还可以提前设置信息发送日期，这一招屡试不爽。现在"提醒"推出了信息附件功能，我可以想出一些创新方式，然后应用到课堂上。作为教授，"提醒"已经不可或缺，它让我能够迅速博取学生的关注，提醒他们的重要事项。我强烈建议教师们尝试一下"提醒"，它是与学生沟通交流的强大工具。

学生视角

B. 内森，10 年级：

如果你没在用备忘记事本的话，就让"提醒"来拯救你吧！

B. 亚历山大，10 年级：

我的老师大多会放学之前发送作业提醒，所以我很轻易就能记住该带什么东西回家。

为什么要用"提醒"？

"提醒"创造了一种安全开放的沟通方式，能够有效地与学生和家长互联互通，让他们时刻了解课堂上的动向。在移动的世界里，随时与人会面是十分重要的，而"提醒"就是能让教育者做到这一点的强大应用。最棒的是，"提醒"提供免费服务，利用的是用户手中现有的设备。

更上一层楼

在学校体系中，"提醒"还有其他可以考虑使用的地方：

- 学校俱乐部。这类团体有时候不经常会面，因而让所有人了解最新信息是十分重要的。所有请假条和会议备忘都可以共享给不能参加会面的成员。
- 体育团队。在训练安排或比赛时间出现变更时，教练可以迅速发信息给运动员和家长。无须每次输入所有号码，向小组发送一条简单的信息即可搞定。
- 管理。"提醒"是实现管理者与不同职员小组迅速沟通交流的强大工具。管理者可以根据学校部门、职责和其他条件创建小组，从而迅速发送信息和共享重要文件。学校停课时，只需向各小组发送一条简单的信息，即可迅速传遍全校。

谷歌环聊

总览：关于谷歌环聊你要知道的 5 件事：

1. 谷歌环聊提供多达 10 人的视频会议服务。
2. 作为在线环聊（Hangouts on Air）功能的一部分，聊天视频可以设定、广播和录制。
3. 除了视频会议之外，谷歌环聊还内置了 YouTube 视频流、谷歌云端硬盘、趣味特效（Fun Effects）和屏幕共享。
4. 谷歌环聊可以通过移动设备、平板电脑、台式电脑和笔记本电脑访问。
5. 谷歌环聊的即时信息内容涵盖了文本、图片和动图等方面。

谷歌环聊是什么？

在网络时代，教师和学生之间的沟通交流方式发生了翻天覆地的变化。以前课堂上可能通过书信来形成笔友之类的关系，如今一切都以视频方式来进行了。实时视频会议使得学生能够在课堂上便捷地从世界上任何地方的教师和学生身上学到东西。谷歌环聊是推动云端沟通交流的必选工具。

谷歌环聊允许用户在其他多达 9 人之间创建在线视频会议会话。环聊是通过谷歌邮件联系人进行的，所以在进行会话之前，一定要记得分享联系方式。启动会话时，选择谷歌邮件里的联系人，点击视频摄像头图标 。会话启动，当对方接通时，就可以进行私人视频会议会话了。

大多数具有网络连接功能的设备都可以使用谷歌环聊，这为教师和学生提供了无与伦比的灵活度，因为无论使用什么设备，他们都可以参与到视频会话中。学生可以在移动设备上开始会话，坐到笔记本电脑前再切换过来。

谷歌环聊的课堂功能

你可以在谷歌环聊中使用多种功能，强化视频会话，并将协作提升至全新的层次。

实时会话。除了视频窗口外，使用会话功能边框来分享链接、图片，进行后台讨论。这可是主持学生专题小组讨论会的好办法。

屏幕共享。从视频摄像头切换出来，展示电脑屏幕的内容，与观众分享信息。屏幕共享使得你可以用电脑进行实时演示、分享网站、梳理课堂作业等。

谷歌云端硬盘。启动谷歌环聊里的云端谷歌硬盘，分享文件给观众，可以实现环聊成员之间的实时协作，同时使用麦克风讨论文件内容。

远程桌面。通过远程桌面，你可以从联系人那里获得帮助。他们可以控制你的电脑，为你提供所需的帮助。你也可以进入远程桌面去为他人提供帮助。

在线环聊

谷歌环聊推出的强大功能之一是通过在线环聊管理进行视频会议。谷歌允许用户设定环聊，然后邀请他人参加。在线环聊可以通过 YouTube 频道或谷歌+频道进行广播，或者你也可以把环聊嵌入个人网站。

在线环聊的另一个强大功能是录制视频，实现视频存档。设想一下保存他人授课或小组专题讨论的视频，你的学生以后就可以回放和复习视频内容了。对于因生病或其他情况而缺席当天环聊的学生而言，这简直再完美不过了！环聊的录制时间长达数小时，所以完全不用担心使用它存储多个视频会话。

亲身体验

来自伊利诺伊州艾灵顿山的翠西亚·福格勒斯塔德在她的职业发展培训中一直使用谷歌环聊，来听听她的故事吧：

> 谷歌环聊已经成了我职业生涯的一部分，因为本学年里我一直穿梭于伊利诺伊州和印第安纳州的某些地方，为艺术教师们提供 iPad 职业发展研讨会。当我们引导教师们学习艺术创造的步骤时，课程的速度要与学习者的需求相适应。我会停下来，解答问题，举几个例子，然后进行展示。
>
> 11 月份的时候，教育橱柜（Education Closet）的苏珊·莱利要我试着用谷歌环聊为全国各地超过 55 名教师举办一个 1 小时的 iPad 研讨会。这是一个同步项目，参加者可以发送问题信息，我会在最后 15 分钟解答。我共享了自己的屏幕，用 45 分钟时间讲了 8 种不同的苹果平板艺术课程，每一个课程都探讨了不同的技巧。我停止屏幕共享，在聊天窗口回答问题，时间到了之后，我就下线了。
>
> 接下来的视频被录制并存档到我的 YouTube 账号，其他人可以用任意播放速度观看。
>
> 这种模式的好处在于，研讨课参与者无须花费太多就能亲身参与，我也不必丢下自己的艺术课学生不管。我认为，如果能进行双向对话，谷歌环聊就能够营造一种身在教室的感觉，我知道这已经实现了。意味深远的职业发展由此大大降低了成本。

另外一个使用谷歌在线环聊的教育者是来自犹他州凯斯维尔的杰夫·麦考利。杰夫教的是高中层次的市场营销，环聊为他的学生们提供了与商界领袖互联互通的绝佳体验：

自我执教 30 年以来，谷歌环聊大概是我遇到的最强大的工具了。我知道，这句话有些夸大，但我相信这是事实。

过去几年里，谷歌环聊多次帮助我的学生们从业界专业人士身上获取见识和信息，这些见识和信息在这种科技出现之前是无法获得的。

几年前，我们得以与创智赢家（Shark Tank）的戴蒙德·约翰进行了环聊，从此一发不可收拾。谷歌旨在通过使用环聊来表明这项科技可以如何应用到教育中。他们积极参与，而那次环聊是在线环聊推出后的第 4 次使用，当时还未对公众开放。所以说我们真正走在了世界的前沿。

至于环聊的作用，你可以想象，以它的可信度和社会地位，学生们一个字都没落下。作为一名教师，我很受挫折，因为我知道自己完全能够说出同样的话，只是缺乏了可信度。但事实在于我们不能抗拒它，而是要去利用它。

这次环聊的另一个精彩之处在于我们邀请了全国的学校参与其中。许多人不愿意，因为这项科技相对来说比较新颖。如今，它已经成了许多教师的第二本能。

接下来的几年时间里，我的学生参与了许多次谷歌环聊，这些人物有商界的，有和平体育界的，也有社交媒体营销界的。

尽管大多数环聊都只占课堂的 30 分钟时间，有两次却远远超出了这个限制，那时候我们基本上一整天都在进行环聊。一次是讨论体育营销，另一次则是社交媒体营销。虽然出于健康考虑，我不建议进行一整天，但那种体验真是让人激动无比。

经常有人问我，你怎么就能联系到愿意参与环聊的人？我希望找到我认为学生们会想去听的人，然后再尝试联系他们。虽然不是每次都能成功，但我惊讶于人们竟然这么愿意帮忙。

每个人保持联系的方式不尽相同，但我发现社交媒体或许是最有效的。有一次在备课期间，我看到了一条有关业界专家邀请人们参加他的在线展示的推特。那会儿时间充裕，我就多看了一会儿，然后发了一条关于他的展示的评论，接着他就给我的那条推特点了赞。

他给我的推特点赞让我意识到他在关注我，所以我又回复了一条，询问他是否愿意在环聊上跟一群高中生聊聊他的想法。他回复了一条个人联系信息，接着我们很快确定了相关细节。要知道，这位作者、发言人满世界做展示可是挣了好多钱呢。

我做了一份清单，列出了有意参加环聊的市场营销和商务教师，每次进行环聊的时候，我都一定会邀请他们。当然了，能亲自来的人很少。我使用在线环聊的原因也正在于此。教师和学生可以去我的YouTube页面，随时观看展示。

不管你教什么科目，谷歌在线环聊总有用武之地。环聊在教育中有无数种用途，我最喜欢的却是让学生们从专家身上汲取营养。

我给大家设一个挑战，很简单：在接下来的30天时间内，试试谷歌在线环聊。别找借口……大胆去做吧。

学生视角

S.萨拉是印第安纳州火鸡快跑高中11年级的学生，她给我们分享了使用谷歌环聊的经验：

在西班牙语课程上使用视频会话对我大有裨益，而且趣味丛生。跟来自西班牙的其他学生练习对话对双方都有好处。通过对话和相互提问，我们练习了口语，提高了对所学习的语言的理解。我们体验到了国际旅行的益处，而且不用离开教室就能进行文化体验。我们了解到西班牙的学生跟我们并没有太大区别。我们发现自己都对同样的话题感兴趣。

为什么要用谷歌环聊？

  谷歌环聊是云端视频会议的首选工具。无论使用什么设备或操作平台，你都可以与少于 10 人的同事或学生互通有无。由于内置了共享、沟通和展示功能，环聊让你的学习充满了乐趣。最后，在线环聊为教师们提供广播和存储课堂视频会议的最佳选择。谷歌环聊可谓是每一个教师的必备工具！

更上一层楼

  • 利用谷歌环聊，创建学生远程学习小组。学生再也不用到图书馆会面了！给孩子们确定好时间，他们就可以在不同地点协作了。这还不止，他们还可以使用环聊内置的谷歌文档进行协作。

  • 把谷歌环聊设定为谷歌日历的事件之一。在谷歌日历事件的详细信息中，你添加一个视频会话，作为事件的组成部分。这是设置环聊、方便小组成员访问该视频会话的极好办法。

  • 创建视频指导手册。你可以使用环聊创建分步进行的指导手册，再用在线环聊保存。把存档链接发给观众，他们就可以通过在线指导观看你的屏幕了。

第三章 云端协作

我们的课堂已经今非昔比。我们再也不能单枪匹马地与在课桌前长时间默默学习的学生打交道了。网络将世界连成一片,把学校墙壁等实体界限织成了信息网。教师们也发现云空间能帮助他们与全世界的同行们共事。正如贝斯·坎贝尔所说:

> 能够随时访问我所创造、保存和使用的一切,这让我的生活变得容易了很多。我可以与全世界的其他人协作,让我变成了更加强大、更社会化的教师。孤立隔绝是行不通的。

学生需要跟同学协作来探索内容、创建项目,云空间为他们提供了无论身在何地都可以协作的机会。现在他们可以随时做项目,跨时区协作也不再像以往那样难以实现了。学生有了空闲时间就可以参与或退出共享文档。

最后,云空间为学生们提供了不受设备和平台限制的协作机遇。无论用的台式机电脑还是移动设备,无论是 Mac 或个人电脑,只要有网络连接,学生都可以相互协作。

直接访问,跨过附件

云空间带来的巨大改变之一就是信息的交流方式。在以往,协作就意味着大量的邮件,文档管理如噩梦一般。如今,学生和教师只需将协作者的邮箱地址添加进去,就可以分享文件了。如此一来,省去了邮件附件的步骤,只有一份在线存储的文档,多个人都可以访问。

谷歌文档之类的工具使得与他人共同使用文件变得如此便捷。你可以实时观看别人进行编辑，学生也不必等太久就能访问共享文件。他们可以同时编辑一份文档，教师可以主持教室头脑风暴，所有学生们都可以相互协作。

让学生说话

使用云工具进行协作会给课堂会话带来新的声音。在传统课堂里，参与全班讨论的只有少数学生：有些学生害羞，不敢让人注意到自己；有些学生一时想不到正确答案，需要更多得思考时间；有些则在等待他人的答案。把这些对话搬到在线空间后，学生们便获得了参与其中的机遇，而且不会再有课堂上那种社交焦虑的反应了。

"以往坐在后排不愿意开口或参与课堂的学生，现在很喜欢在网络上分享他们的学习动态。他们乐意教别人，他们觉得自己的想法很重要。"弗吉尼亚州约克郡格拉夫顿中学 7 年级教师吉尔·巴恩斯说道。

使用谷歌文档或教育国度[①]可以让全班学生在头脑风暴文档里或留言板上分享想法，这是让学生全都贡献个人想法的绝佳方式。在一对一课堂上，这些活动可以在指导学习时间内进行，因为学生可以使用任何具有网络连接的设备来做出自己的贡献。

从大千世界攫取知识

信息无界限，学习无处不在，跟谁都可以进行。在过去，学生通过笔友的形式从离得很远的孩子身上学习知识。如今作业留给学生，他们可以与协作伙伴一起来做——立刻就可以开始。

[①] 免费教育内容分享平台，是一个面向学生和老师的社交类学习资源分享平台，同时还提供允许教师通过移动网络平台，创建安全可靠的教学空间或课堂的免费服务。

就连教师们也在采用在线协作对话。他们无须翻山越岭去和一群同事协作，而是能够不受地点的限制，与其他教师无缝协作。他们只需通过谷歌文档、维基空间（Wikispaces）、网络随身碟等应用程序来访问文件。把工作带到你面前，真是省时省力的好办法！

我喜欢与学生、家长和其他可靠的观众协作，这给学生一种真正的使命感，让他们做出高质量的成果。

除了课堂内协作，让学生在云空间内做事，为他们提供了与"现实世界"里的其他人协作的机会。无论是通过谷歌环聊请来专家讲师，或者让国家航空航天局的科学家来给孩子们做演示，云空间都能为学生提供一个在实际学习环境中分享和学习的机会。

提供即时反馈

提高学生成绩的最好办法之一就是提供即时反馈。通过云端协作，教师可以实时访问学生项目，可以对学生作品做出指导性评论。这种即时回应对学生大有裨益，因为他们可以在项目早期及时纠正。在传统写作项目中，教师会在最终草稿提交后给出反馈，如今则可以在写作过程的任意阶段给出反馈。

正如凯伦·奇彻斯特所说："有了云端服务，无论何时何地，只要学习有困难的学生需要帮助，我都能给予支持。云端服务打破了种种界限。"

在接下来的几个章节里，我们将通过教师们的指导，学习如何使用谷歌文档、教育国度和维基空间等应用程序，来深入探讨云端协作。你会看到如何让学生共同参与到项目中，也会找到教师们利用云端服务相互协作的范例。

谷歌文档

总览：关于谷歌文档你需要知道的 5 件事：
1. 谷歌文档可供学生和教师编辑文档。
2. 用户可以添加多种插件，提高文档的可用性。
3. 谷歌文档可以通过邮件进行安全共享，且不采用附件方式。
4. 教师可以使用编辑、建议和视图模式与学生一同参与写作项目。
5. 写作工具包括研究、翻译、定义等。

谷歌文档是什么？

谷歌文档服务已存在多年，但这个神奇的工具一直在不断地改进。起初，谷歌文档只有基本的文字处理工具，用户可以在线创建文档。如今，这款工具变成了云端写作项目协作的"首选"。多个学生可以操作同一文件，他们的动作都能被实时地反映出来。教师评分也变得轻松了，因为他们可以迅速有效地在学生项目中分享建议和更正。

谷歌文档的功能

你可能觉得自己已经了解谷歌文档了，但不妨来一起看看最新的功能。最近，谷歌文档推出了一些大型的增补，这些增补能让你和你的学生最大化地利用这款神奇的工具。

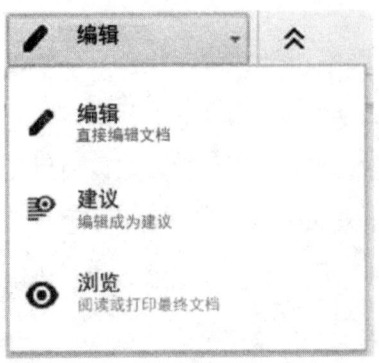

文档操作

写作项目不同以往了。谷歌文档把写作和审读学生作业之间的切换变得前所未有的便捷。在文档操作的 3 种模式——编辑、建议、视图——之下，个人和小组可以共同操作同一份文档。

编辑。谷歌文档的优势在于能够轻

而易举地编辑在线文档。教师和学生都能使用主要的编辑工具，对文档的任意更改都会自动保存。学生还可以用文件菜单中的"修改历史"工具，把文档恢复到上一个版本。这就意味着不仅你的文档有备份，而且操作过程中的所有编辑也都有备份。

建议。谷歌文档的这款新工具让编辑者能够在文档内提意见。正如微软文字处理软件里的"追踪修订"一样，用户可以插入建议，而且允许用户接受或拒绝修改。如此一来，教师们无须改变原文便可轻而易举地在学生项目中写建议。这在学生审阅项目中也同样适用。

视图。文档完成后，文档所有者可以把文件设置为视图模式，所有编辑控制会全部消失，文档干净清爽，最后草稿阶段就准备好了。学生把文档变成视图模式就意味着教师该审阅最终成果了。

炫酷的编辑工具

谷歌文档利用网上空间，方便用户访问，是能够提高写作水平、让文章赏心悦目的工具。一定记得打开"工具"菜单，看看下面的一些功能：

研究。这是隐藏在谷歌文档里的又一个宝贝。点击"研究"，文件右侧便出现一个搜索窗口。谷歌会在这里呈现出有关文档里所识别出来的主题的基本搜索结果。你可以用图片、视频、学术和网页等过滤词来精确搜索。

定义。用"定义"工具打开文档右侧的交互词典。你可以用内置的多种语言来确定某个词。这是帮助学生选择合适词汇的好工具！

翻译。点击"翻译文档"，即可把文档翻译成不同的语言。谷歌会在新语言中创建一个文件副本，所以原文件还在。

工具	表格	插件	帮助
拼写……			
研究		⌘+Option+Shift+I	
定义		⌘+Shift+Y	
字数统计		⌘+Shift+C	
文档翻译……			
文本编辑器……			
偏好……			
个人词典……			

谷歌文档扩展

许多年来，人们一直抱怨说谷歌文档没有微软文字处理软件那么多的工具和功能。他们说，谷歌是文字处理的缩水版，只能用于最简单的写作项目。然而，那样的日子已经一去不复返了。

谷歌近日发布了谷歌文档界面的新菜单：插件。这个工具允许用户访问第三方开发者开发的扩展程序，从而强化谷歌文档的使用。点击"插件"菜单，选择"获取插件"，就可以找到许多能够改进文档的工具。最棒的是，某个功能添加到你的谷歌文档之后，将来创建的任何文档都能使用。扩展程序分类多样，"教育"板块里有许多为教师和学生准备的有用工具。以下是几个值得注意的扩展程序：

谷歌数学（gMath）。数学教师欢呼雀跃吧！谷歌数学辅助用户在文档内输入复杂的数学公式。除此之外，你还可以用这个工具来制作公式，然后再轻松地添加到文档里。

Kaizena。Kaizena辅助教师在评估学生写作中创建语音反馈。高亮选中一些文本，启动Kaizena，教育者可以录制评论，然后嵌入学生项目中。这真是把反馈个性化的好办法！

书目生成器（EasyBib）。在谷歌文档内添加书目生成器，这样你就可以轻而易举地搜索下一个研究项目了！书目生成器辅助用户搜索在线工具，寻找图书、文章和网站的参考文献。搜到之后，这些资源可以用MLA、APA或芝加哥格式引用。最后点击一下，英文就加入了文档，完成！研究论文的写作从此大有不同！

思维导图大师（MindMeister）。这个插件会根据你的文档内容创建神奇的图形组织图。高亮显示你下一个写作项目中的提纲，思维导图大师会在一击之下把列表转换成思维图。这是帮学生把内容形象化的绝佳方式！

分享谷歌文档

虽然这不是什么新功能，但别忘了把文件上传到云空间的最大变化之一是提供访问权限的能力。权限是指在多个地点、多个设备上操作文档的能力，但对于教师和学生而言，最重要的权限是能够访问自己的文件。协作是当今课堂的一个核心要素，谷歌文档为用户提供了高效协作的能力。

过去，与他人分享文件需要通过邮件或移动存储设备来中转。然而，这种分享方式有一个大问题，那就是创建了文档副本。一份文件的副本太多，这对于许多用户来说都是一场文件管理的噩梦。

谷歌文档把文件分享简单化了。无须再通过邮件把文件发送给协作者，现在的分享意味着分享访问在线文档的权限，而且文档只有一份，不会出现共享文件的数个版本。

文档分享之后，谷歌文档的功能就很清楚了：相关方可以互相协作，进行实时编辑。以前要经历很长的停工期才能轮到自己动手的项目，现在可以立刻着手。当然，你要确保协作者别把内容重叠起来，不过谷歌文档让分享变得太容易了。

亲身体验

咱们来仔细看看埃德蒙顿的尼克·莱利是如何在课堂上应用谷歌云端硬盘的。

> 过去的 4 年里，我一直都在课堂上使用谷歌文档。我的学生和我本人用它做了许多项目，我们也向来乐于接受如何在新事物上使用它的意见。我的许多学生就算离开教室也会继续使用谷歌服务，因为这是社区级别的倡议，当他们需要我看一眼或者给予反馈的时候，他们就能很快地分享手头的文档。
>
> 我发现当用科技来创新的时候，有些学生会积极参与，而谷歌云端硬盘内的服务给他们提供了创造不同东西的自由。有两节课的作业与主题并不贴近，但都来自学生"为什么不能在其中应用谷歌呢？"式的建议。我们中途做了些改进，而且我打算将来一直使用这两个作业。

第一个作业跟语言艺术有关，我们先从叙述性故事的写作开始。许多学生哀叹说，他们的童话故事必须以特定的方式结局，以符合类型设定，因此我们决定在下一次写作项目中看一看结局非同一般的故事。输入 20 世纪 80 年代后期到 90 年代的"选角冒险"系列小说。我们决定列出不同结局，然后再去看开头。我们的最终成果使用了谷歌文档里的超链接，创建了一个基于读者选择而"跳转至某页"的逼真文档。我们结成小组，一同写作，我教孩子们如何做书签和链接。孩子们全程参与，许多孩子在我们去忙别的事情之后，还占用个人时间重新编写结局。

第二个作业与科学有关，我们组成了一个证据与调查小组。小组要求我们讨论模式辨识、人类忧虑的症状、通过分类来将证据与嫌疑人对照，以及理解证据的独特性和如何为调查员所引用。我们做了许多次实验，而且有一个犯罪现场，孩子们会在最后参与进去，以此活动结束课程。我觉得与其带孩子们去亲历犯罪现场，还不如让他们自己创造一个。我们一起设计了一些房子的布局图，让他们明白会话所需的基本知识；之后，我们讨论了在某个特定犯罪现场会找到什么样的证据，孩子们通过头脑风暴提出了一些答案；接着，我们讨论了如何将这些东西整合到一块儿。我们认为需要给找到的证据列一个清单，另附一个标注在犯罪现场的哪个位置找到它的图表；最后，我们增加了一个嫌疑人名单，列举了他们与受害者或犯罪的相关性。有些孩子做出来三或四份文件，整合在一起放在不同的楼层或放进清单里。回想那段时间，当时有一个很好的流行软件可以创建谷歌服务相关联的楼层规划。Floorplanner 是我今年用来创建"理想的学习空间"的工具，我还让学生写一写他们需要怎样的空间。今年再做这个项目的时候，我会先看一下有哪些软件可用。

学生视角

R. 柯乐顿，11 年级：

谷歌文档让我可以在学校里轻松地做小组项目。我输入其他语言的时候，它能够识别并进行拼写纠正，这对我来说非常便捷。谷歌文档是我每天都要用的，任何学生都能因使用它而获益！

为什么要用谷歌文档？

谷歌文档改变了许多人对创建和共享文件的看法。在过去，一切都取决于你电脑上的软件；而如今，唯一的决定因素就是网络连接。谷歌文档堪称学生和教师协作的终极工具，分享文件轻松安全，为用户提供工具，让他们以多种方式去扩展项目。谷歌文档被称为云工具的鼻祖是有原因的：课堂上缺了它，就称不上课堂了！

更上一层楼

- 使用评语来分享对一篇文章的看法。让学生仔细阅读你上传至谷歌文档的文件或PDF，可以让他们说出对文章要点的看法，学生也可以分享原创想法，还能够互相评论。
- 查看修改历史，评估学生的贡献度。学生分小组带来的最大挑战之一便是判断每一个学生的贡献度。试试修改历史功能，查看小组所有成员所贡献的每一个字。由于谷歌文档在每一次更改文档后都会保存，所以很容易判断每一个学生的总体贡献度。
- 谷歌文档在无须转换微软文字处理软件文件格式的情况下就可以进行编辑。从微软格式转换成谷歌文档格式的难点之一在于，有些排版格式会发生变化，比如图片移位，或者图表出现问题。如今可以直接在谷歌文档内直接编辑微软文字处理软件文件，无须将它们转换成谷歌文档格式。

教育国度

总览：关于教育国度你要知道的5件事：
1. 无须订购，无须再购买软件或硬件。

2. 教育国度实现了安全封闭环境内的协作。

3. 学生可以随时访问云端"背包"内的文件。

4. 教师可以用内置的调查工具来查看学生的理解程度。

5. 可嵌入的内容（如演示通、YouTube 视频和谷歌图表等）都可以共享。

教育国度是什么？

教育国度常常被人称为教育界的"脸书"。这个称呼很贴切，但还不够全面。教育国度是一个社交平台，它让学生和教师可以在课堂之外隐秘的安全环境中互联互通，学习延伸到了正常上课时间之外，为提高课堂体验的创造空间。

教育国度由教师们创造，其目的是在放学后与学生保持更深入的联系。教师们可以将不同类型的资源（视频、讲课大纲和链接等）放进去，供学生回到家后自行探索。它内置了一个评论区，学生可以谈论教师分享的东西和当天较早时候进行的讨论。教育国度是一个可以成为课堂完美延伸的数字空间。

教育国度的一个神奇之处在于它可以根据教师的具体需求而变。让学生发布评论，回应同伴，它就变成了课堂讨论的延伸；教师可以用它来收集学生作业，然后再发给学生复习；它提供一站式服务，学生能够找到教师分享的有用资源，加深他们对一堂课的理解；教师可以创建小组，在小组讨论中观察学生的动态。灵活性如此之强的教育国度，教师们不管怎么用都会得心应手。

教育国度的功能

云中的教育国度

教育国度在 iTunes 和谷歌应用商店里推出了许多神奇的程序，学生和教师们可以用它们来访问自己的账号，随时继续自己的工作。越来越多的学生在把移动设备当作主要的计算设备，而且需要通过个人设备来访问课堂内容。教育国度提供了一款移动应用,学生们通过它可以随时随地访问自己的文件。

教育国度界面流畅,学生和教师可以像在台式电脑上一样访问信息。教师可以访问学生成绩簿,学生评论他们发布的内容时会有提醒。学生可以访问教师分享的文档,参与到教师和其他学生分享的话题中。教育国度也会向移动设备发送推送提醒,所以每当出现新版本时,教师和学生就能第一时间收到提醒。

专门的应用程序

教育国度拥有一大批应用程序,使得教师可以个性化设置他们为学生所创建的教育国度空间。应用程序有免费的,也有付费的,提高教育国度体验的方式五花八门。EduClipper 可免费下载,它允许教师和学生管理并在教育国度上访问学习内容。还有一个"青蛙解剖"(Frog Dissection)的付费应用,学生课前可以在家练习解剖,或者也可以在课堂上以它代替真正的青蛙。越来越多的应用程序为学生提供了最佳的课程体验。

亲身体验

詹妮弗·邦德是一位 3 年级教师,也是教育国度的认证培训员。她有很多关于教育国度的使用体验要跟大家分享,咱们来听听她的故事吧。

教育国度是一个针对课堂的社会学习网络,是我这几年来给 3 年级学生上课时使用的诸多强大的云工具之一。我把它看作课堂的数字中心,是我们上网的必去之地。从添加辅助学习的视频,到嵌入地图,让学生分辨自然与人文功能,我发现教育国度的用途太多了。我发现它还是与其他教育者保持联系的好工具,极大地扩展了我的学习资源。

带 3 年级学生时,我发现教育国度有助于在"自带设备"日和计算机实验日管理学生的作业。我常常会发布一条关于作业的信息,其中包含了学习指导和他们需要访问的站点链接。除此之外,我还会整理为教育国度开发的免费和付费程序,供学生们使用。使用教育国度里的应用程序有一个好处，那就是学生无须再多记用户名和密码，而且省去了注册课程的时间。教育国度里的许多应用程序都是课堂已经在用的，如拼写之城（Spelling City）、Moby Max 和 Go Animate 等。

在我的课堂上，每周有两个"自带设备"日。在这两天里，我会尝试着整天都把科技融入教学中。由于设备各不相同，兼容所有平台的工具就不可或缺了。教育国度就是这样的完美工具，也是学生完成并提交作业的主要渠道。学生可以用设备拍照，然后直接放入教育国度"背包"，也就是他们的云端文件夹。从《我的世界》（*Minecraft*）的创意到"几何图片大搜寻"（Geometric Photo Hunts）截图，学生可以轻而易举地展现他们的学习过程。由于我没有访问每台设备的权限，下课的时候在我的笔记本电脑上通过教育国度拉出来一堆信息也是小菜一碟。

了解了非小说的文本特征后，学生开始了一场大搜寻。他们从教师图书馆的实体书里找，从书桌上的课本里找，从电子书里找，然后截图或拍照，放进教育国度背包里。结果是显著的，因为学生在搜寻中找到了许多特征，互相分享。除此之外，他们的成果总是存储在背包里，供他们以后使用。

我的学生发布的信息经常出现机械错误，而教育国度的伟大之处就在于教师可以编辑小组内发布的每一条信息，如此一来，我就可以把所有信息拉出来，以班级为整体来编辑。这为学生提供了一种真实的体验，我发现学生也开始通过评论信息为同伴修改问题。

我带的班级参加了"节庆卡片交换"项目——这是与全美国和加拿大"简恩项目"①资助的学校互联互通的渠道。给每个学生指定一个学校，然后给这个学校写一张节庆卡片，而且我想让他们了解自己的卡片被送往何地。在计算机实验室里，学生用谷歌地图搜索所指定学校的地址，然后用嵌入代码发到我们的教育国度小组里。接着，他们写下观察到的学校周围的情况，比如地形、地理坐标、商业和家庭等。发现世

---

① Projects by Jen，鼓励学生创意学习的网站。

界里的新东西，与即将收到他们的节庆卡片的班级建立联系，这让学生们十分兴奋。

说到协作项目，教育国度是最大规模协作项目之一的大本营——全球大声朗读项目。每年都有成百上千的教师和课堂相互沟通，分享他们阅读伟大书籍的体验。这个项目很棒，因为教师们加入了一个大型组织群体，接着还可以利用连通的力量来创建规模稍小的群组。学生可以在教育国度上与全球的其他课堂互联互通，分享想法、项目，构建文学伙伴关系，然后再延伸到其他科目上。

我从教育国度学习项目经理利兹·柯赫勒那里学到一个窍门，这个窍门改变了我使用教育国度的方式。教育国度为教师提供了创建小群组的功能，我的班级分成了数个小组，有读书俱乐部、数学强化小组、项目策划小组，也有进行"目的地想象"的小组等。这些小组通常在7个人以下。在与利兹共事的时候，她让我明白可以平衡小组，从而更好地管理群组。你可以把群组内的所有学生移动到小组里，为所有信息和作业创建一个子群。这一招我用在了会持续数周的特殊项目上。例如，我们的情人节卡片都发布在一个小组内。这节省了大量时间，因为我不必在长达两周的信息记录里，搜寻学生发布的电子版情人节卡片。教育国度的小组功能是节约时间和改进管理的好工具！快来试试吧！

本身已经很强大的数字工具怎样变得更好？那就是学生都觉得它好用！我的3年级学生都很喜欢教育国度，他们觉得有了属于自己的校外聊天小组，就像脸书一样。我让一名学生写了写她对教育国度的感受，下面分享给你。

学生视角

教育国度是如何影响我的学习的——T. 马蒂：

我使用教育国度的方式有很多种，从分享新鲜事到写作业，教育国度应有尽有。我会用教育国度写短篇故事，然后发给班里。我还喜欢放学后与班里的同学保持联系，分享一些构思和不同的想法。我还给班里分享了几个网站和视频，帮他们更多地了解周围的世界。我们的老师邦德女士给班里布置了许多不同的任务，比如数学解题、非虚构文体写作、数学应用题等。它几乎跟家庭作业一样，只是更加有趣！我喜欢教育国度的另外一个原因是，邦德女士为我和几个学生创建了一个小组，让我们为名叫"T Spa"的小项目做主页。我们在上面发布新计划、磨砂膏和销售信息！我还用教育国度的背包放了几张照片，然后分享给班里！教育国度的有趣功能有成千上万种，我最喜欢就是时刻跟同学和老师保持联系。所以，我要谢谢你，邦德女士，谢谢你让我结识了教育国度；谢谢你，教育国度，谢谢你帮我与世界相联系。

为什么要用教育国度？

对于教师而言，教育国度可以拓展课堂，上课结束后可以继续会话。教师可以把所有资源聚集到同一个地点，而且能够在移动设备上用教育国度程序更新资源内容。评分与反馈易如反掌，也有助于创建无纸化环境。对于有意创建安全的网络环境、让学生在课堂之外继续学习的教师而言，教育国度就是一个很好的选择。

对于学生而言，他们可以通过教育国度访问教师发布的所有任务和有助于加深理解的各种资源。移动设备应用保证了学生在远离电脑的时候也能访问同样的信息。下课后，学生仍然可以继续课堂对话，加深他们对课堂上所涉及的话题的理解。对于课堂上的学生而言，进行小组项目和保持班级联系从未像现在这么简单！

更上一层楼

- 教师可以使用"群组"功能创建"文学圈"，学生可以在线讨论自主阅读，扩展班级讨论。
- 家长可以创建账户加入班级，追踪班级内布置的作业动态。
- 教师可以使用教育国度与其他教师和课堂互联互通，全世界的班级都可以共同参与项目活动。

维基空间

总览：关于维基空间你要知道的 5 件事：

1. 维基空间是一个很好的协作平台，学生可以共享奇思妙想、在线群组协作。

2. 维基空间课堂（Wikispaces Classroom）为教师提供了许多交互和评估工具。

3. 教师可以通过项目来设计作业，实现差异化教学。

4. 用户可以上传或嵌入各种多媒体文件。

5. 维基空间提供封闭的在线环境，是学生协作与互相沟通交流的安全平台。

维基空间是什么？

维基空间将传统网站转化成了一个协作平台。以往的网络是单向沟通渠道，教师把信息分享给学生和家长，而维基空间为不同群组互相协作提供了权限。这是学生和教师共同参与课堂学习的新方式！

维基空间的功能

维基课堂允许用户创建在线课堂。教师可以使用维基课堂进行课堂上成功进行的同类型活动，如讨论、作业、评估等。

教师可以使用维基课堂为学生设置通告和留言板。安全、封闭的环境辅以社交元素，学生就可以互相讨论作业等内容。学生获得了接触"社交网络"的权限，家长也能进行安全控制，使孩子们处于可控的在线空间内。这是教师把信息分享给家长和学生，同时教导学生正确地进行在线交流。

维基课堂的一个功能是为特定学习群组创建任务。教师完全掌控如何发布任务，因而可以布置不同的任务，实现课堂学习的差异化。

维基课堂的另一个功能是实时评估。学生在维基课堂上做任务的时候，教师可以实时监控学生的进度。这是追踪每一个学生的进度的办法，教师也便于在学生落后时进行干预。

用"媒体"来促进学习

维基空间是将各种多媒体学习目标融入任何在线课程的绝佳平台。教师可以嵌入视频片段或图片，帮助视觉学习者。谷歌表格和其他问卷工具都有助于教育者为学生理解内容提供建议。

学生可以使用维基课堂内的多种工具进行协作。学生所接触到的不再只是网页上的文本，还可以把分享各种小程序作为学习的一部分。

亲身体验

布莱尔·恩菲尔德是怀俄明州石泉市甜水第一学区的语言艺术教师，他曾多次将维基空间用于不同的写作活动。咱们来听听他的说法。

> 我是一个逆向思维者，我喜欢把教学看作"目的地"居第一位、交通工具排第二位、品牌和型号排第三的过程。作为英语教师，我知道有些东西是政府规定要教的，共同核心标准不过是教学之路（比喻和现实）的一个站点，我知道自己也有一套标准。话虽如此，两年前，我规划出了要带学生去的目的地，大概如下：
>
> 我想让学生
>
> - 找到更多真实的观众，而不是只有我这个作为教师和同伴的人；
> - 在班级内协作；
> - 在班级之外协作；
> - 使用好工具（21世纪技能）去创造令他们自豪和可以炫耀的东西；
> - 随时随地访问他们的文件。
>
> 那个学年，我们班得到了一个全部使用苹果平板的实验室，我知道学生们从此就能把网络和文字处理资源掌控在手里了。我开始寻找

符合上述标准的应用程序，在同事的建议下，我用上了维基空间。他们把维基空间用作课堂网站，而我则希望别出心裁。我想把它用作群组协作文件夹。

我们先在"文学圈"内试用了一下。那时候，我整合了4个班级，基本按照当时在读的不同小说创建"文学圈"。我可以将学生分成小组，每组对应一本书。相比典型的班级小组，这一次我创建了一个协作空间，让学生突破课堂的藩篱来相互协作。他们分头行事，创建了人物、主题、情节、设定、分析等页面，甚至还创建了一个讨论书中遇到的难点的论坛。这些就构成了一个为他们在书中所学的东西提供参考的在线云端空间。通过这种方式，他们就可以迅速参考之前积累的图片、任务和信息来展示小说情节。

维基空间还提供了一个评估工具，我可以检查学生的参与度和贡献度，还可以为在维基上协作的人创造小型激励机制，举办竞赛来看看哪个人或哪个团队在维基上做事的时间最长，谁的页面编辑量最多，谁参与的讨论最多。

下面是我们的维基空间页面。

讨论主持人与总结人	编辑	6	4

总结：海子开始读那本书的时候，她妈妈以为她得了抑郁症。海子在互助小组交了一个朋友，这位朋友名叫艾萨克。艾萨克向互助小组自我介绍，说他接下来几周要做一个手术，然后就会瞎掉。在互助小组里，奥古斯塔斯说他担心自己默默无闻，海子就开始大谈特谈默默无闻。奥古斯塔斯似乎是个疯狂的司机。海子见了奥古斯塔斯的父母，因为奥古斯塔斯想在楼下看电影，但他父母不让他们在楼下看。海子开始读《星运里的错》（The Imperial Affliction），一下子就喜欢上了这本书。海子常常想听奥古斯塔斯说话，也想让他夜里坐下来读《黎明的代价》（The price of Dawi）。凯特琳说到死亡的时候，感觉很诡异。海子看完了《黎明的代价》，给奥古斯塔斯写了一条短信，然后按照他的要求立刻打给他。跟奥古斯塔斯打完电话，她听到抽泣声，然后发现艾萨克精神崩溃，于是赶紧去找奥古斯塔斯。正在玩视频游戏的时候，海子问艾萨克怎么了，他说莫妮卡把他甩了。奥古斯塔斯一周都没给海子打电话，海子一直守在电话旁。原来奥古斯塔斯的前任卡洛琳因脑癌死了。艾萨克做了眼部手术，结果没有愈感症，但一直看不见。玛利亚医生说海子想去阿姆斯特丹也可以。海子不知道自己对奥古斯塔斯是什么感觉，但是也不想让别人知道。海子坐在餐桌旁，因奥古斯塔斯的关系而心烦不已。海子的父母冲进她的房间，说她太厉害了，以后再也不用去互助小组了。

第二周：海子晕倒了，然后被马上送到医院。海子醒过来，一个人待在重症监护室。有人告诉她说，她没有愈脑瘤，她的肺里有很多液体需要排出来。奥古斯塔斯来看海子，说很想她。海子去了癌症互助小组，他们讨论了癌症对他们的影响。她讨厌去这种小组，因为这让他们想起了父母的痛苦。当天晚上，奥古斯塔斯打电话给海子，他说他也不了阿姆斯特丹了。他们坐在看《美国超模》，然后开始静静地接吻，前往阿莫斯特丹之后。艾萨克的眼睛依然看不见。海子看着他伤心的模样。他们谈到奥古斯塔斯想犯凡犯款念头，又说到海子不想和奥古斯塔斯在一起，因为她不想伤害他。到了阿姆斯特丹之后，海子和爸爸开着车聊着去奥古斯塔斯家。奥古斯塔斯和他妈妈在吵架，在海子和爸爸准备离开的时候，海子收到奥古斯塔斯发来的一条短信，告诉她要穿什么，仿佛什么都没发生一样。

这是我在单元开头生成的一个论坛范例，以及为学生提出的问题。

（我给出了一些开放性的问题供他们讨论。）

这是一个小组为他们读的书创建的页面，其中包含了简要、小组自制预告片（任务要求之一）的 YouTube 链接以及各个页面（如人物、分析、主题元素、词汇、文化联系、格言或重要引言）的链接。

这一单元是这么安排的：

为期三周的单元

3 天一个周期（1 天的深入阅读指导，1 天的阅读时间，1 天的维基工作，然后重复这个过程）

每个小组的成员每周要负责一项工作，工作完成截止期限是周日晚。如果工作到周日还没有在维基空间内完成，则会被列入组内的一个额外工作分区，小组成员可以拿走贡献分，然后完成工作。这就为准时完成的人创造了更多的奖励。

最后，学生利用维基空间内的截图和信息，以视频形式展示他们的书籍。视频会放在他们的维基空间团队页面的首页。

维基空间糅合了我所寻找的一切东西，而且超乎我的预期。学生爱用它，因为他们可以在家里、学校乃至手机或平板上做作业。我们还举办过社交媒体竞赛，主题是看看哪个团队能用社交媒体的分享功能在脸书上得到最多的赞。这次竞赛不仅让学生有机会展示自己的傲人作品，而且还获得了更多现实世界的观众。学生的作品完成度较高，因为他们做出来的东西不仅要让教师满意，还要让自己的朋友们看得上。相比在教师面前，学生们为了在网络上展示良好形象而承受了更多压力，这很有意思。维基空间实际上提供了一种责任感。

另外一个好处是我们不再需要其他的应用程序，而且可以通过任何设备的任意网络浏览器访问。

维基空间里我最喜欢的就是信息功能。学生在维基空间里遇到问题，可以在课外发信息给我，若有必要，我会即时回复。我喜欢全面掌控维基空间的那种感觉，我称之为"上帝视角"。如果某个讨论没有了存在的必要，我可以把它删除；如果有东西是抄袭过来的，我可以轻而易举地去查证；如果学生在自己的页面遇到任何困难，我可以随时进入页面，迅速提供帮助。

最后，从一个教师的立场来看，维基空间以真实可见的范例提供了管理者所寻找的许多功能。就我个人而言，我的领导不了解我的教学领域，那么当他评论我的课程时，要看的是以下几个方面：

1. 学生参与度。
2. 对学生的预期清晰明了，与学生的沟通清楚明白。
3. 是否符合共同核心教学标准。
4. 透明度。
5. 是否教授和展示了21世纪的技能。

维基空间以一揽子的方式涵盖以下各方面：

1. 学生切身参与，你可以观察和监管他们的参与度。最为重要的是，它可以形成学生参与度的书面报告，便于记录这一方面的情况。

2. 我能够在维基空间的主页上明确地列出每一个量规和每一个要求。如此一来，学生就很少能找到借口说他们不理解我对他们的预期了。

3. 我布置的任务都符合共同核心教学标准，而且会发布链接，说明任务符合哪条具体的标准。

4. 你的工作内容都可以让人看到，这种透明度有助于构建管理者对你的信任。

5. 学生通过远程协作、数字文件夹和多种数字设备跨界，展示的正是 21 世纪的技能。

学生视角

C. 汉娜，10 年级：

维基空间糅合了让技术促进教育如此伟大的所有方面。其他平台孤立地推出的独特功能，它几乎都整合到了一起。

为什么要用维基空间？

维基空间为教师们提供了一个与学生协作的工作空间。相比只为教育者提供发布权限的静态网站，在维基空间里，班级里的每一个人都可以为创建学习环境出一份力。维基课堂真正地将这个平台提升了一个层次，为教师们提供了设计、评估学生作业的多重选择。在课堂上使用社交媒体平台来构建封闭的课堂环境，这种模式为学生所喜爱，家长们也放心。

更上一层楼

- 创建课堂百科。让学生在共享的课堂百科内创建个人词条，学生可以各自研究一个话题，写一篇文章，分享到维基课堂上。学生可以使用图片、视频、问卷等工具，使话题更加生动。
- 学生网页：维基课堂让学生创建个人作品文件夹。他们可以使用维基课堂来共享作业，反思个人学习过程。除了能够独立自主以外，你还可以让学生在小组内创建网页，以独特的方式收集和展示内容。
- 构建班级资源页。你可以积累一些链接，把"学生友好型"网站分享给他们，省去他们自己搜索网页寻找好材料的麻烦。这还不止，如果学生有编辑维基空间的权限，他们还可以往清单里添加自己找到的网站。

第四章 云端创造

云端创造在课堂上越来越流行，但同时也引发了许多问题。有人认为云端创造存在所有权问题，有些人则认为这个担忧毫无根据，并且热捧云端创造的优势。相比传统的创造方式，云端创造为学生和教师提供了更多的机遇。课程不再受限于一本手册的形式，在世界上的任何地方都可以完成项目。云端创造把协作推到了一个新的高度，学生们简直太开心了。有些教育者可能对云端创造有些疑虑，但当学生和教师在云端创造的时候，神奇事物出现的机会就多了很多。

关于使用云端工具创造的内容的所有权问题，人们提出了许多担忧。谷歌推出谷歌云端硬盘的时候曾饱受诟病，因为人们害怕谷歌占有他们的成果，民间传说谷歌要出版别人写的书，而且自己拿版税。这些都是谣言。事实上，谷歌曾明确说过，用户保留其资料的所有权。微软公司的 Skydrive[①] 和苹果公司的网络随身碟也都明确规定，用户保留其内容的所有权。这些担忧来自于那些不敢把自己的私人文件托付给他人的用户。云端服务公司在让人们明白它们的数据是如何存储这方面做得很好，但对于文件安全性的担忧还是值得探讨的。

有些人不敢在云端创造内容，因为他们担心第二天早上这些内容就消失了。这种担忧是可以理解的。把成果存储在云端网络是需要用户给予一定信任的。用户一定要对存储内容的站点研究透彻。如果是像谷歌或演示通这样的大公司，其用户数量多，那么信任程度就高一些。如果是在寻找成长空间的创业型小公司，那么就存在关门大吉的可能性，用户就会失去在这个网

---

① 2014 年 1 月，微软公司宣布把 Skydrive 更名为云存储（OneDrive）。

站创建和保存的文件。与任何工具都一样，用户必须进行一番调查，看看它是否满足他们的所有需求。云端创造的风险是在所难免的，但总的来说是利大于弊。凯尔·佩斯的说法最为恰当："如果我们不允许学生在云端提供的在线空间里互联互通、相互协作和创造，那就是在误人子弟。"

云端创造为所有用户提供了创造更加动态的工作机会。过去，用户会在自己的电脑上创建内容，而在分享内容的时候进退两难。他们可以用软盘或闪盘把文件从一台电脑转移到另一台上，但文件创建者会遇到一些问题：如果后面这台电脑上没有安装打开文件的程序，文件就毫无用处；如果软盘或闪盘出了什么状况，文件就会丢失；如果用户创建的文件过大，就没办法用邮箱传送，文件还是要滞留在电脑上。云端创造解决了上述所有问题。演示通就是一个很好的范例。用户可以创建演示通，无论身处何地，只要有网络连接，他们就可以访问这个演示文稿。演示通可以在手机上打开、编辑和储存，方便随后在电脑上使用。打开新的浏览器窗口，访问网站，就可以创建和访问较大的文件。在以往，闪盘丢失让人头疼不已。无论设备上是否有应用程序，随时随地都能创建和浏览文件。云端创造为人们提供了巨大的灵活性。在云端创建文件，使得协作也改变了工作。

在云端技术成为创造的常规部分之前，小组协作一直是许多学生的克星。协调小组内所有人的不同时间，让他们能够全都处理同一份文件，这是一个相当棘手的任务。如果协调不好，把乱七八糟的成果展示给教师时，他们脸上会流露出创建文件、通过邮箱传播文件所遇到的挫败感。

云端工具改变了全球用户的协作和工作。如今，学生可以自由选择在最适合自己的时间去做项目。整个小组聚在一起面对面是很不错，但有时候不一定要这么做。使用云端工具来创造和协作，学生周末的时候可以在家里、当地咖啡店或奶奶家等舒适的环境做事。学生 P. 凯瑟琳对云端工作的说法如下：

> 在云端技术成为主流之前，我的小组成员和我都要设定好时间和地点，以老派方式会面，但总有至少一个人不方便（住在离学校太远的地

方，或者天色太晚不能出门等）。现在，云端技术也更加流行，讯佳普或FaceTime等视频会话技术让所有人"会面"变得更加便捷，因为小组可以在每个人都方便的地方协作，所有人像在一起一样讨论项目。

学生们生活在一个互联互通的世界里……

教育者也可以从云端创造中获益。

许多年来，教师们一直把标准课程计划书看得很神圣。这些计划书里涵盖了新学年的所有重要信息，哪个教师要是给丢了，那简直就是灾难。如今看来，把这么重要的信息存放在一个地方似乎有些疯狂。有了云端工具，教师可以创建文件，并且随时随地都能访问这些文件。教师在云端创建这些课程，就多了一种访问个人信息的渠道。这对于教师们而言真是太重要了。教师们的脑海里常常闪现出各种好想法，但这些记录在纸片上的想法还没来得及保存到安全的地方就散失了。教师的工作不再是绕着办公桌或台式电脑。通过云端创造，教师们可以选择合适的时间和地点编辑他们的文件。如果教师的工作能够合理化，就为学生在课堂上和在家里腾出了更多时间。除了用户的工作合理化之外，访问便捷是云端创造的另一个优点。

许多教师对课堂内融入科技的普遍担忧是访问权限。确保学生能够访问教师们在课堂上使用的各种程序是十分重要的。云端创造可以帮助减轻这一担忧。凯尔·卡尔德伍德对此担忧评价道："最大的优点是它不区分设备，不用再担心谁在哪个平台登录了！"凯尔的评价太中肯了。云端工具用户无论使用什么设备，都可以访问同样的信息。许多广为流行的云端工具——谷歌应用、演示通和印象笔记等——都有移动应用程序，这些程序让用户无论使用什么设备都可以访问他们的文件。学生独自解决学习障碍是一件很困难的事情，所以教师一定要尽可能地确保内容获取的便捷度。虽说有些学生可能家里没有传统意义上的电脑，但他们的口袋里也有"电脑"。许多云端工具对操作系统没有特定要求，学生可以在最适合他们的设备上工作。这对于教师而言也同样能够成立。

家里有台Mac，然后在PC社区内工作，这对于教师来说已经不是什么难题了。只要有网络连接，教师就可以通过云端创造在任意电脑上访问他们的所有文件。这在课堂上也是很棒的，因为教师们不用再担心与学生作业不兼容的问题。帮学生把云端创造模式化之后，教师不用再担心学生因为使用了不同的平台而在课堂上无法展示其作业，学生在为课堂创造的时候就有了更多选择。学生有了更多选择后，教师也得以拓展他们的课程计划。当作业要用到云端程序时，教师无须担心特定电脑的程序问题。教师们进一步探索云端创造的不同选择时，学生能够用自己选择的设备访问课程，从而提高参与度。

云端创造是如此强大，但它的确引起了一些所有权问题。用户稍加研究就会发现，云端技术保证了用户保留使用它们的产品创造的个人文件和想法的所有权。通过云端创造工具，教师和学生可以合理化个人工作流，自由地协作，不用再担心兼容性问题。教育者期望触及学生，让他们参与课堂，那么权限就十分重要。允许学生使用云端工具为他们打开了一个通往创造新世界的大门。

图享

总览：关于图享你要知道的 5 件事：

1. 图享允许用户为照片添加标签，从而迅速给照片分类。用户可以根据内容或具体活动进行分类。
2. 图享可以在配备数码摄像机和具有网络连接的移动设备上运行。
3. 使用滤镜，可以用多种不同的方式编辑照片，激发学生的创造力。
4. 主题标签允许用户基于关键词搜索公共图片。
5. 图享不允许通过浏览器上传照片。

图享是什么？

移动设备最大的用途之一是数码摄像机。学生们最喜欢拍周围的事物，而图享允许学生把这些照片分享给更大的群体，包括父母和同伴等。越过教室的限制来分享照片，学生的学习得以延续和扩展。

图享的功能

图享提供多种滤镜，用户可以自由选择，在照片上发挥创造力。其中一个功能就是图享用户可以使用操作简单的滤镜让自己的照片变得独一无二。学生喜欢使用滤镜，因为他们可以把照片变得像几十年前一样老旧。虽然编辑工具本身比较原始，但它们依然十分强大，能够让学生的创意任意飞扬。

图享怎么用？

图享是免费服务，使用便捷，易于应用到课堂情境中。用户使用平板电脑或手机的摄像头拍照，然后使用移动端应用程序上传照片。应用程序也是免费的，设置非常方便。图片可以利用主题标签过滤分类，便于迅速组织照片主题。

搜索照片

图享用户为照片添加主题标签，就可以通过标签来搜索。这意味着输入的关键词不同，学生就能找到上千张与关键词相关的照片。你可以利用这些照片来开启一场对话，或者引导一个基于视觉概念的项目。搜索#firstofschool，设想让学生分享他们对不同照片及其隐含意义的想法。

亲身体验

图享在课堂上仍然相对新颖，但其影响是惊人的。李·安·林梓是加拿大阿尔贝托的一名1年级教师，她把图享用在小学生身上。咱们来听听她的说法：

我参加了2013年夏天的小绿拇指项目。我想把我们课堂花园的经验和改变分享给那个区的家长和学生们。乔治·卡洛斯是帕克兰70校区创新教学和学习的区域负责人，他建议我试试图享。我在我的1年级课堂上使用了图享，让学生们从视觉角度看看我们这段旅程的始末。学生喜欢每天去看看花园，然后在图享账号上分享他们在花园里观察到的变化。我们开始把这个图享分享给家长们。我发现，这段亲身参与的经历在提高 1 年级科学、数学、语言艺术和健康等课程上都促进了学生学习。

在科学方面，我们关注的是话题 D：感官和话题 E：动植物的需求。（感官 1—9：学生利用感官进行一般和具体观察，通过口头和拍照来交流观察结果。）我们利用五官来分享花园在整个过程中的变化。

例如，嗅觉帮助我们闻到了牛至叶粉的味道；当我们去品尝蒲公英茶、豆子和其他植物等不熟悉的或新的植物时，味觉被用于描述味道；视觉被用于观察日常变化；触觉被用于感知植物、香料、泥土和种子；听觉则被用于听取同学的想法和保持计时器、灯光和风扇运行的电气设备的嗡嗡声。

视觉：上午的豆苗　　　　　　视觉：豆苗在下午出现的变化

味觉：用蒲公英叶子制成的蒲公英茶

我们的豆角变绿变酸了

（种子的需求 1—11：学生会描述一般生物，辨识这些活物的需求。）在日常观察中，学生关注的是这些活物如何生存，它们的需求是什么，如何满足它们的需求。学生们学到了自己照顾生物的责任。他们发现了植物维持生命的必要条件，即空气、光照、适宜的温度、水、生长介质和空间。他们明白为了让我们花园中的植物存活，就必须在照料过程中提供这些必要条件。

除了科学这个主要关注点之外，我们还把其他课程融入了这个项目里。

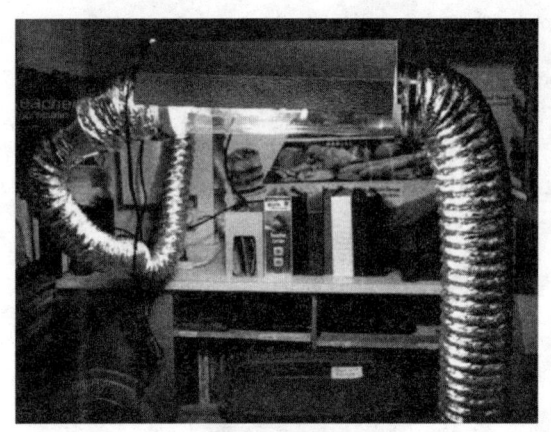

需求：光照开启与关闭各 12 个小时

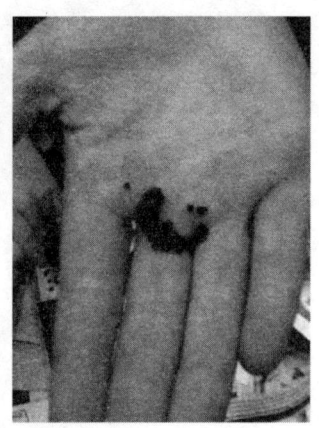

我们学习了肥料混合

在数学方面，我们关注的是测量法。(具体结果 1：辨识能够对比的属性，如长度、高度、质量、重量，按照长度、高度、重量和质量来给事物排序，通过比对判断两个或更多物品哪个最长或最短，哪个最重或最轻，并给出论证过程，学生展示出了对测量法的理解。）学生们努力去判断哪种豆子是最长的，这种植物长成需要多长时间。我们把豆子从最长到最短排好顺序。我向孩子们提出"这些植物长了多高？""每棵植物需要多大的空间？"等问题。

8周大的西红柿苗

11周大的西红柿苗

在健康方面,我们关注的健康饮食选择。(健康选择1.5:学生将明白基本的、健康的、有营养的选择对个人健康的重要性。)我们讨论了加拿大食物指南的重要性和每天应该摄入多少水果、蔬菜才算是健康

17周后的西红柿苗

最长的豆角是17厘米

的生活方式。我发现学生乐于尝试不同的蔬菜、水果和香料,因为他们参与了食物的种植。

在语言艺术方面,我们关注的是阅读与写作:(1)一般结果3.1计划与重点——集中注意力,探索并分享个人对讨论、学习主题的想法。通过提问和解答来判断信息需求,并满足特定主题的信息需求。遵照收集想法和信息的口头指导,以收集信息;(2)一般结果3.3组织、记录和评估——组织信息,根据顺序或异同点辨识分类信息。把与某个主题相关的想法和信息罗列下来,为照片写评语。记录信息,以个人语言展示和解释主要事实与想法。辨识并利用收集的信息来交流新学习过程,做到信息评估。我们读了关注者的评语,通过把想法分享到图享账号上练习了写作。我们还在小绿拇指学生日记里记录了花园的变化。

"激励教育"的愿景之一是通过阿尔贝托教育体系支持每一个学生,让他们去做一个"使用技术来学习、创新、交流和探索"的参与型思想者。根据"激励教育"的说法,技术"应当在课堂上发挥更大的作用。除了被用作传播的工具之外,它的终极力量应当被用于支持学习者

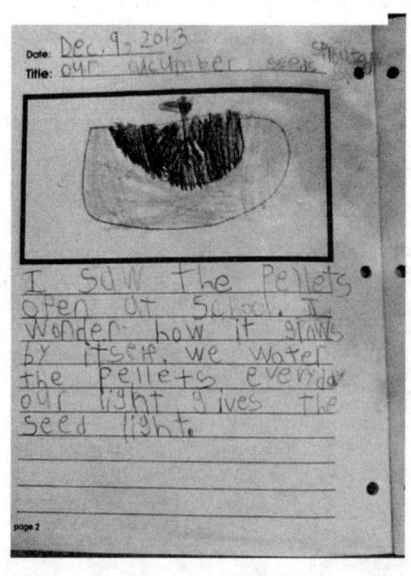
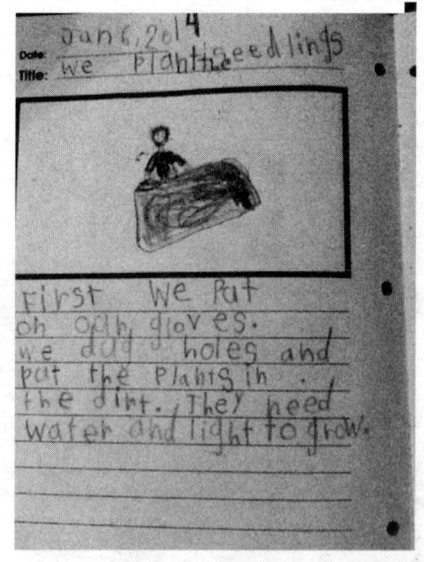

的创新和探索。它应当被恰当地融入学习环境中"。

图享也是展示创新学习环境中学习过程的优秀工具。在这个环境中,学生们为自己的学习与想法负责。对 1 年级的学生而言,它很容易设置,而且可以用于如此之多的课程领域,让学习变得贴近和易于记忆。在作为教师和教育者的未来职业生涯中,我期望能把它用在其他项目上。

学生视角

1 年级学生 M. 梅森分享了图享如何影响他的课堂学习:

我父母允许我开设图享账号,方便我关注 1 年级的"小绿拇指"项目。我得以观察植物的生长,评论我们在图享上发布的图片。挖土撒下种子的过程非常有趣。我的朋友和父母给我分享的图片和想法留下评论。我建议其他教师也在教学中使用图享,因为这种学习方式真的很有意思。

为什么要用图享?

图享能够激发学生的创造力。教师和学生可以使用图享把他们的图片分享给更多观众,从而与家长一起构建一种社区感。它使用便捷,分享迅速。轻点几下,班级的照片就能上传并分享给他人。这款工具给在线图片共享带来了一场革命——可谓是云端不可或缺的应用!

更上一层楼

- 通过"每日学生之星"突出学生。这是让优秀的学生鹤立鸡群并把他们的成就分享给更多人的好办法。

- 让学生模仿一件著名的艺术品或重现某个历史时刻。视觉学习者会爱上为重现历史而布景的挑战。给学生提供原始图片副本和几个道具,让他们充分发挥想象力吧!

- 把学生变成摄影新闻记者。让他们记录一次学校或社区活动。使用 # 话题标签来把他们的照片分享给他人。

一起乐

总览:关于一起乐你要知道的 5 件事:

1. 一起乐提供免费服务,用户可以创建免费账户,需要时也可以添加高级服务。
2. 一起乐可以使用邮箱地址把照片分享到一个在线相册里。
3. 教师可以使用密码把相册设为公开或私密。
4. 教师可以管理学生的图片,把不宜的图片剔除。
5. 在基本账号里,图片在 14 天后会从在线相册中删除。

一起乐是什么?

数字图片为学生提供了分享自己想法的平台。让许多教师头疼的一个问题是如何快速收集和展示学生的图片。没错,是有像 Flickr 这样的图片存储网站,也有像脸书这样的图片分享网站,但在学生无须互为好友或不能强迫所有人再去创建一个在线服务账号的情况下,如何才能让整个班级的学生分享照片呢?

一起乐提供免费照片存储服务,教师可以创建在线相册,学生就能轻而易举地分享自己的数字图片。

一起乐的功能

• 一键启动。启动非常简单，点击一下即可创建相册。创建在线相册之后，你的学生就可以把自己的图片添加到图库里。

• 短链接。创建相册之后，一起乐会为你提供一个短链接和邮箱。这个邮箱很重要，因为学生要在移动设备上直接把图片通过这个邮箱发送到在线相册里。

• 密码保护。一起乐的优势之一就是通过密码保护学生图片。添加密码也非常方便，这样课堂之外的其他人就看不到你的相册了。

亲身体验

咱们来联系一下犹他州赛达市西南教育服务中心教育科技专家克林特·史蒂芬斯，听听他在自己课堂上分享数字图片的亲身体验。

在课堂上，教师或学生拍摄的图片会被使用的原因有很多：记录团队或项目工作、作为学习的证据和辨识现实范例等。然而，教师收集、展示和重新分配这些图片给班级学生却是个麻烦事。

过去，我会要求学生从家里带来数码摄像机或带着学校的摄像机出去，为某些课程或活动拍些照片。之后，我再把所有相机连到我的电脑上，尽力把所有照片导入，然后再用 Photoshop 或 iPhone 之类的工具导出，创建一个网页，我把这个网页发布出来，学生就可以看到他们为活动或项目所拍摄的图片。我发现这个活动对科学课的学生特别有帮助，但许多教师不愿意浪费时间，也不具备这么做的知识和技能。

一起乐完全优化了这个过程。我无须再亲自收集照片，只需在一起乐上创建一个账号和一个新相册。这个工具的界面很整洁，使用便捷，容易上手。创建相册后，一起乐会：

- 允许我把电脑里的照片直接上传至相册；
- 给我提供一个单独的邮箱地址，任何人都可以轻松地把照片添加为附件，然后发布到相册里——智能手机、拍照手机或其他移动设备都很容易发送图片；
- 它还给我提供一个短链接，以展示相册中的图片；
- 允许我给相册中的所有图片命名和添加说明；
- 允许我以幻灯片的方式浏览图片，一键下载所有图片，或者轻松地把相册分享到推特和脸书上；
- 还允许我编辑代码，把相册嵌入网站。

一起乐的免费服务有一些不足之处：上传的照片会在14天后自动删除，所以我建议所有照片收集或上传完毕后立即下载；另外，每个账户或相册每月的上传限制为100MB。但每年只需支付45美元，就可以解除这两个限制。

学生视角

9年级学生海德利说：

这个网站允许用户把任意朋友添加到"列表"，这样你就可以看到他们的照片了。朋友们和我常常在不同的手机上拍照，通过信息发送图片向来让人头疼。

为什么选择一起乐？

一起乐为教师们提供了一个简单好用的在线图片相册。由于它对学生设备没有限制，不需要购买新的设备，就可以迅速应用到课堂上。14天后删除照片这个功能会让教师和学生考虑把老项目从网络上移除，腾出数据空间。

更上一层楼

- 把一起乐作为评估工具。要求学生通过拍照片来展现他们对某个课程概念的理解。他们可以经由邮件上传照片，利用科目线来描述某张照片如何反映所学的概念。

- 用课堂活动的照片构建社区。家长和学生可以分享派对或野外旅行的图片。他们只需一个电子邮件地址，就可以把美好的回忆分享给班级里的每一个人。

- 以照片集锦代替报告。学生可以分组协作，制作一系列图片来展示某个概念。

YouTube 编辑器

总览：关于 YouTube 编辑器你要知道的 5 件事：

1. 学生可以用 YouTube 编辑器把多个片段"合成"到自己的视频项目中。

2. 视频片段可以是学生上传到 YouTube 的，也可以来自"知识共享"里的视频片段库。

3. 视频以时间轴格式进行编辑，学生可以剪辑、优化和添加效果等。

4. 学生可以给项目添加标题、音乐和转换效果。

5. 完成后的视频可以通过云端分享，发布到学生的 YouTube 账号。

YouTube 编辑器是什么？

提及 YouTube，许多教师会想到孩子们观看狗拉雪橇或经久不衰的"Harlem Shake"重制视频的画面。这个视频服务网站上的确有很多有趣的内容，但它也提供了一款可以把这个网站变成视频制作器的视频编辑工具。

YouTube 编辑器是 YouTube 账号里的一颗不为人知的珍宝，用户可以通过它把各种来源的内容"合并"成全新的视频。视频可以源自用户

YouTube 账号内现有的，也可以从"知识共享"视频库中提取。项目集合在一个在线编辑工具里，用户可以编辑片段、添加音乐或设计转换效果和标题。

  项目完成后，最终版视频会发布到用户的 YouTube 账号，学生可以通过链接形式上传最终视频。

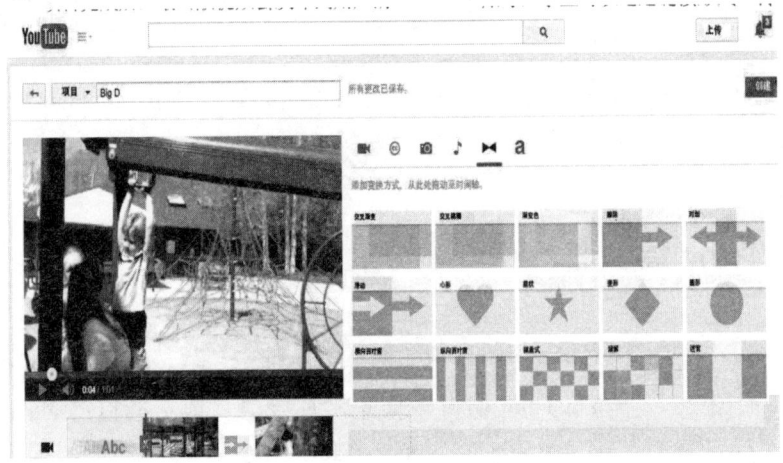

YouTube 编辑器里的时间轴提供了多种功能来编辑和创建项目。

视频

• 使用视频上的滑动剪辑工具来修剪视频片段；

• "效果"工具中有许多特效功能，例如自动修正（基本颜色与光亮）、慢动作、摇摄/缩放、滤镜（为改变视频的样貌提供多种选择）和稳定。

文本与转换

• 创建标题有许多种滑动效果，包括：居中、滑动、缩放等；

• 文本也可以放在视频顶部；

• 不同片段之间有多种转换方式。

音乐与声效

• 可以从预设音乐中选择。（注意：这些都是实打实的歌曲，大多数是位置艺术家创作的。）

- 目前暂时无法上传个人音乐至视频片段。
- 可以使用歌曲侧边栏的修剪进度条来剪辑音乐。
- 添加背景音乐后，视频片段的声音仍然能够听到，你可以控制视频片段的音量。
- 目前暂时无法添加旁白音轨。

图片

- 可以添加图片到项目中。用户可以上传个人照片，或者通过搜索功能使用知识共享中的图片。

添加视频到项目中

使用 YouTube 编辑器时，首先要上传或从知识共享中找到视频内容。

原创内容。上传个人视频进行合并时，只需登录 YouTube，然后点击"上传"按钮。你可以上传之前拍摄好的内容，也可以利用设备上的摄像头创建实时网络拍摄。在 YouTube 编辑器中合并视频之前，一定要完成视频内容的上传工作。

YouTube 为用户提供了无限制视频上传存储空间，唯一的限制是私人账户中的视频不得超过 15 分钟或大于 2GB——通过账户设置就能扩展这个功能。使用谷歌教育应用的学区或学校的学校账户可以上传较长的视频。学区管理者掌控着这些账户的设置。

知识共享。YouTube 编辑器可以直接搜索收录在知识共享中的内容，学生由此可以获取各种科目和活动的视频。另外，使用知识共享视频时，学生没有违反版权保护法。对于教师来说，这是教育学生在创建数码项目时遵守版权保护法的好机会。

在知识共享中搜索视频非常简单,只需使用给定搜索框的搜索功能。匹配搜索词语的片段会显示出来,用户只需拖拽即可添加到合并项目中。

亲身体验

杰拉德·范森是犹他州莱顿市的一名地理教师,他最近发现了YouTube编辑器在学生完成的时事项目中的作用。来听听他的说法:

> 作为地理教师,我一直在寻找一种把1年所学的东西汇集到一个大项目中去的办法。我过去很喜欢谷歌的Zeitgeist视频,它里面会突出显示每年搜索量最大的故事和事件。我决定把这个想法应用到我们的班级,让学生从开学就记录全球大事件,一直到学年结束,也就是从8月到次年5月。他们每月都要甄选出自认为应当放入最终视频的事件,还要解释为什么选择突出某个事件,为什么这个事件比其他事件更有选择价值。寻找一个合适的视频编辑程序来创建这样的项目颇具挑战性。最终,我的学生利用YouTube编辑器来搜索他们认为过去9个月里能够反映个人观点的全球、国内和地方事件的图片和视频片段。
>
> 我认为视频编辑器好用的原因有很多。第一,学生能够创建一个展现世界的项目。以前的项目被学生、家长和教师看到,有时可能是全班同学,但仅此而已。YouTube为他们打开了一扇通往世界的大门。
>
> 第二,学生可以保留自己创建的项目。过去,海报是广为人接受的

媒介，项目结束后就扔进垃圾桶无人过问了，而且海报的限制因素很多。再一个就是版权问题。我认为 YouTube 编辑器在教育学生如何在数字时代做一个负责的创造者方面做得很好。由于只能获取版权不限的图片、音乐和视频，学生会明白，如果要在全球发布内容，就必须遵守规则。

第三，这或许是最重要的原因，就是创造力。在这一方面，我给了学生很大的自由。只要他们觉得有意义，就可以在视频中添加任何内容。从创意角度来说，我觉得这很重要，而且我不至于同一个视频看上 150 遍。每一个视频都像学生本身一样独一无二。学生们真的很喜欢这款视频编辑器的这个功能。编辑、片段、取舍完全由他们自己决定。他们喜欢的另一个特点是其他人可以看到他们的视频，他们也可以观看其他人的成果。他们会给你呈现一份好作品；如果他们知道视频要发布给全世界的人看，那就一定要让它值得一看。

这是我让班级做过的最好的项目。我们一整年所做的一切都蕴含其中，没有人去问为什么要学这个或者这个有什么用。另外，观看视频总比读报或海报来结束一年的学习有意思多了。

海瑟·钱博斯是伊利诺伊州凯里市的一名高中科学教师。多年以来，她一直让学生以视频为工具来创造课堂项目。她给我们分享了 YouTube 编辑器对学生的影响。

2005 年秋天刚开始教学的时候，让学生制作视频似乎是一项令人望而生畏的任务，但机缘巧合之下（多亏了一位厉害的同事兼朋友），我让学生通过科技来展现他们的学习。2005 年，学生都使用同一个视频摄像机、电脑和程序来编辑视频。现在快进到 2014 年，我仍然要求学生制作视频来"炫耀"他们对课堂话题知识的掌握，但每一个学生都使用各自的设备，到了编辑的时候，课堂上就像一锅大杂烩。我让学生在各自的手机、个人设备和学校 Chromebook 上面编辑视频。我要找到一个能在云端使用的程序，YouTube 视频编辑器便跃入我的眼帘。我在一个很偶然的机会中了解到 YouTube 视频编辑器，自那以后就一直在用。

YouTube 视频编辑器为我的"网络工具箱"增光添彩，因为用户可以在云端免费编辑视频。学生可以在任何有网络连接的电脑上编辑视频，不需要购买昂贵的软件，这实现了学生接触科技的公平性。学生可以用 YouTube 视频编辑器添加知识共享许可的音频、文本、转换效果和视频。有了这款强大的视频编辑工具，学生就可以轻而易举地创建、编辑和制作视频。

给学生安排视频项目时，我会鼓励他们以富有创意的方式来展现个人学习。制作视频不仅会让学生发挥创意，而且会让他们走出学习的舒适区。我发现视频项目对于学生而言是一个挑战，但最终他们都会拿出一份乐于分享的成果。这为学生连接 21 世纪生活提供了选择，因为在当今世界，我们的选择前所未有的多。如今的学生需要超越工作表或海报的项目和班级活动。他们需要的课堂挑战不仅能让他们参与到内容中，而且还要赋予他们对学习的自主权。作为教师，让学生使用云端工具——比如 YouTube 视频编辑器——有助于促进学习和创意，让他们做好面对现实世界的准备。

学生视角

犹他州 9 年级学生 P. 安娜对使用 YouTube 编辑器的班级项目做出了如下评论：

身为学生，我觉得用视频编辑器来做项目是一个很棒的体验。它跟我以前在课堂上做的任何事情都不一样。我了解到了全球、全国乃至我们这个小社区的重大事件，还学到了如何使用良好有效的资料。而通过使用编辑器制作视频，同伴和我觉得可以赋予它个性，把它做得很精彩。我们把感兴趣的东西放进去，这么做真是太有趣了！

为什么要用 YouTube 编辑器？

这是一款用于云端创造的强大工具。学生可以编辑个人视频，也可以使用知识共享视频库中的各种视频片段。学生可以更深入地探讨话题，通过发布链接，他们可以把自己的项目迅速分享给全世界。YouTube 编辑器为学生提供了创建有趣、有创意项目并分享出去的工具。

更上一层楼

- 创建图片幻灯片。在电影项目中，学生可以不必只使用视频。通过图片工具，学生可以上传图片，制作出精美的视频幻灯片。无论是回忆野外旅行，还是对科学项目的深入研究，学生都可以创建出完美的多媒体项目！
- 慢动作。让学生拍摄完成体能任务或项目的视频。在回顾任务的时候，你可以让学生使用编辑选项中的慢动作功能，仔细查看细节。这在体育课或 FACS 课堂上可是大有帮助！
- 让学生合并两个或两个以上的视频。学生可以从视频片段的各个方面进行对比，例如 POV、设置、风格等。

录屏大师

总览：关于录屏大师你要知道的 5 件事：
1. 录屏大师可在 Mac 和个人电脑上运行。
2. 无须下载。
3. 录屏大师可在苹果手机上使用。
4. 用户可以把录制的视频上传至 YouTube。
5. 免费！

录屏大师是什么？

录屏大师是一个网络服务，用户可以录制长达 5 分钟的屏幕录像，然后在推特上分享，或者保存到 YouTube 上。屏幕录像完成后，用户会得到一个短链接，这个链接可以发布到推特、脸书、谷歌等其他服务器上，供朋友和家人观看。用户还可以把屏幕录像直接上传至 YouTube，然后分享、嵌入网站。

录屏大师是以 Java 语言编写而成，无法在谷歌 Chrome 浏览器上使用，所以要选择火狐（Firefox）或 Safari 才行。录屏大师使用方便，用户无须下载任何程序来录制和分享屏幕录像。对于不能在学校电脑上下载软件的教育者而言，录屏大师弥补了这个空白。

录屏大师的功能

快速注册

如果你有推特、脸书、谷歌或雅虎账号，注册录屏大师会非常方便。输入账号信息，允许录屏大师获取你的信息，就可以开始屏幕录像了。通常来说，免费网络工具的注册过程都十分烦琐，但录屏大师想让自己的用户在几分钟之内就能完成注册并开始录制。对于工作繁忙的教育者而言，每1分钟都弥足珍贵，录屏大师绝不会浪费用户的时间。

快速录制

点击录制按钮即可开始录制。用户可以选择录制区域的大小，然后按要求进行。

录制开始后，用户有 5 分钟时间来分享自己的想法。这个时间限定既

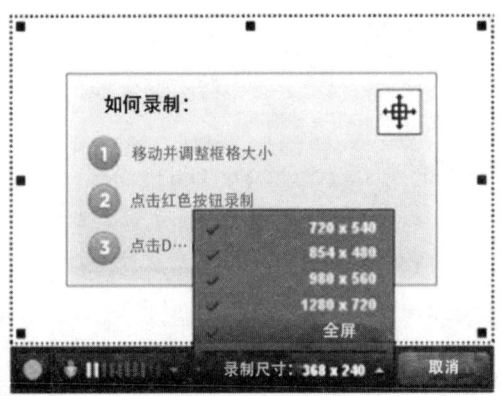

能保证用户分享重要信息,又能防止浪费时间和拖沓。大多数学生不会观看时长超过 5 分钟的视频,所以这是让用户着力于重要信息或把较长的屏幕录像分解成方便管理的片段录像的好办法。

快速分享

录制完成后,用户会收到一个链接,他们可以把链接分享到社交媒体上,也可以把视频上传至 YouTube,然后再嵌入网站,分享到别的地方。对于想要把重要信息传达给学生和职工的教育者而言,快速便捷分享再完美不过了。

所有视频都存储在录屏大师服务器,可以设置为公开或隐私。搜索其他屏幕录像,了解如何更好地录制,一定不要错过公共视频库。这些视频可以一直保存在这里,也可以在分享到 YouTube 之后删除。删除之后,这些录屏大师视频的链接就会失效,所以如果你把链接公开分享,从录屏大师删除的时候一定要小心。

亲身体验

凯莉·唐克里是安娜斯塔西斯学院创始人,也是一名教育科技领袖,她在学校采用了多种科技工具来提高学生参与度。让我们来听听她的故事:

> 在为安娜斯塔西斯学院寻找可用的科技工具时,我所关注的工具要具有灵活性,教师和学生都可以用来把学习过程更加透明化。录屏大师符合这个要求;它可以用于任何科目和任何年龄群体,它的用途只有想不到,没有做不到!录屏大师是一个网络屏幕录制工具,它让创建和分享屏幕录像视频都变得如此容易。学生可以即时录制和分享屏幕上的学习内容,录制好的视频可以嵌入网页或博客,可以通过邮件分享或下载。用户无须安装或下载软件,可以在 Mac 或个人电脑上录制,视频可以在所有设备上播放,而且它的服务是完全免费的。
>
> 身为教师,恨不得自己具有 72 变的分身本领。录屏大师让你的时间和精力翻倍。录制一节课的视频后,学生可以随时观看视频获取学习

指导。录屏大师可以与屏幕上的其他技术配合使用：引导学生了解技术项目的步骤，把自己研究某个主题的过程录下来，使用绘画程序来解释数学问题，或者打出指导文字，附带一份语音解说。这些都可以嵌入班级网站或博客，通过电子邮件分享，或者下载保存到班级电脑的引导学习文件夹。在课堂上，把班级电脑作为学习中心，学生遇到难题时就可以从中寻求帮助。当学生不再等待你的帮助时，他们就成了引导者，他们的学习之路便可畅通无阻！创建一个向学生展示如何学习的视频库是极为重要的事情，这将成为学生学习的良师益友。

学生也可以使用录屏大师。安娜斯塔西斯学院的学生喜欢与他人分享自己的爱好。通过屏幕录像，他们成了某个话题的专家，引导他人学习。有些学生通过录屏大师向其他人展示自己如何学习编程、解决数学问题、打游戏或在《我的世界》里开辟天地。我喜欢把学生的视频当作教学工具。学生喜欢做专家的感觉，同龄人喜欢观看朋友们制作的视频。每当学生灵机一动并分享给其他人的时候，课堂上的学习氛围就火热起来，我总会因此而大感惊奇。

屏幕录像的用途不仅仅在于授课。学生可以使用电脑上的程序，通过屏幕录像的方式展示其学习过程。我们学校曾经制作过一个视频来展示安娜斯塔西斯学院和传统学校环境中学习的差别。我们最喜欢的项目之一是把我们在谷歌里输入"学校使我……"和自动出现的建议内容录制下来，这些内容让我们清楚地了解学生和社会眼中的教育状态。我们要求学生补充完整"学校使我……"这句话。我们没有告知学生我们将如何使用他们提供的答案。我们在同一个屏幕录像里把视频嵌入一份演示应用（Keynote）里，再把安娜斯塔西斯学院学生的答案放在实际出现的建议内容之上。我们用最后生成的视频来展示我们作为一个学校的风采。学生们也以有趣、有创意的方式制作了同样的视频来展示不同科目的学习过程。

要求学生录制其学习过程让我们可以进行更全面的评估。观看学生解答数学题时，你会了解到他们的解题过程。你不再仅仅以对错来评判这个问题,而是能够看到学生的理解步骤,从而做出相应的调整。我常常要求学生把自己的在线研究过程录制下来。让学生不仅要把屏幕上的内容录下来,还要讲解研究过程。这不仅让我能了解学生如何进行研究,也能让学生去思考自己的研究方法。

学生视角

10 年级学生 C. 汉娜:

> 录屏大师是教师们用电脑教学生如何做某件事的有效方式。看见教师的屏幕,学习就变得容易,因为这就像是教师在全班面前演示一样。

为什么要用录屏大师?

录屏大师是一款免费工具,用户无须下载软件。技术新手也可以迅速注册、录制和分享屏幕录像。教师们在寻找更多实现学生学习个性化的办法,而录屏大师恰好允许教师把课程的重要方面分享给学生,他们可以在家里自行复习,与班级保持步调一致。

更上一层楼

教育者使用录屏大师的原因有很多,以下只列出几种。

• 玩转课堂。过去几年里,玩转课堂越来越受欢迎,如果教师想让学生在家里获取材料,录屏大师就是一款派得上用场的工具。教师可以把课程分解成 5 分钟的内容,供学生在家里或在移动设备上观看。学生可以按照自己的意愿分配每一部分的时间,直到完全理解这一部分。学生可以控制学习速度,然后胸有成竹地在课堂上讨论视频中所分享的内容。教师们不需要在课堂上为那些可能落下的学生讲解课程,从而腾出大量时间去进行练习和提供支持。

• 展示知识。学生可以自己创建账户或使用班级账户来展示他们在不同课程中学到的知识。越来越多的工作变得以网络为依托，学生需要通过可用的网络工具来展示他们学到的知识。录屏大师允许学生展示个人知识并分享到公共空间以获得反馈。使用录屏大师时，学生要讲解和展示信息，有助于提高学生的展示技能。

•技术支持。录屏大师可以展示不同工具的使用步骤。很多时候，教师要花大量时间教学生如何使用各种工具，但其他人常常会被忽略。通过录屏大师来制作某些工具使用步骤指导，想让在家中帮助孩子做作业的家长和监护人就可以获得技术支持。教师和其他职员也可以从观看这些视频中获益。利用录屏大师来录制视频，用户可以预先了解工具及其操作步骤，然后再要求一对一指导，可以为技术支持人员节省大量时间。

第五章　一锅端

有时候，仅仅用 4 个章节是无法囊括所有强大工具的，那么本章就优中选优，为你推荐一些辅助评估、演示的工具——当然了，之所以把这几种工具也加进来，是因为我们觉得它们太好用了。

评估工具

苏格拉底测试大师

总览：关于苏格拉底测试大师你要知道的 5 件事：
1. 教师可以自己创建在线评估，也可以到试题库网站下载现成的问题。
2. 评估方式可以是实时非正式测验，也可是预设总结性测试。
3. 学生可以使用移动设备或电脑在线访问评估。
4. 教师可以自己创建课堂，让学生在安全的环境下参与测试。
5. 教师可以下载评估结果，从而把学生得分导入成绩册。

苏格拉底测试大师是什么？

苏格拉底测试大师是一款针对教师与学生的评估工具。教师可以创建在线课堂，对学生进行评估。评估方式可以是快问快答，或者教师也可以自己设置问题或导入其他人的问题来进行测试。学生可以通过任何连接网络的设备进入教师的苏格拉底测试大师课堂，即可开始评估。教师开始班级测试或活动后，所有设备立即开始显示问题和（或）答案。测试时间到或测试完成时，教师会得出分数并利用分数来做出评估。

苏格拉底测试大师的功能

启动苏格拉底测试大师后,你可以通过各种类型的评估与学生互动。在本章节里,我们主要讲一下你可以创建的各种测试和名为太空竞赛(Space Race)的竞赛式互动评估等。

测试类型

传统的测试类型有判断正误、多选一、简答等。测试很容易创建和编辑。测试问题可以是文本形式,也可以加入图片。你可以把测试问题保存下来,供不同时期使用。如果你想稍加更改,同时又保留原始评估,你还可以把测试问题复制出来。

另一个很好的功能是导入测试问题选项。通过这个功能,你可以从其他苏格拉底测试大师用户那里复制测试问题,也可以从试题库导入公开的测试问题。在超过 20 000 个测试问题的题库里,你应当能找到适于各种科目和各个等级的评估。

趣味互动

太空竞赛这款工具让学生在限定时间内互相竞争。与个别评估不同的是,太空竞赛用你提供的问题创建一场"狭路相逢勇者胜"的测试。

教师可以把学生分成小组,也可以让苏格拉底测试大师自动把班级分成人数相等的小组。分组完成后,"游戏"开始,学生会从之前上传的测试题中收到随机问题。每回答正确一次,小组会看到一艘火箭飞船飞过屏幕。评估可以在问题全部回答之后结束,你也可以给测试设定时间限制。

无论年纪大小,学生都喜欢这种评估方式。许多学生都喜欢竞赛,太空竞赛的这种视觉特性确实激励学生做出更好的表现。

下载数据

许多教师很看重的一个功能是查看学生分数。你可以通过接收含有分数总结的邮件来查看，也可以下载含有学生分数的表格。表格是 CSV 格式，你也可以通过谷歌表格在线浏览数据。

下载分数后，这份数据可以便捷地导入大多数 SIS 评分程序。你不用再手动把分数输入学区成绩册！

亲身体验

迈克·麦德温斯基是一名音乐教师，他一直在和学生使用苏格拉底测试大师。咱们来听听他对这款超强工具的说法吧：

> 在一个重视过程多于结果的课堂上，实验性的协作学习鼓励音乐学习者去仔细观察、深入思考和不断探索，其学习过程可能会难以把握。我最初在课堂上用苏格拉底测试大师来捕捉学习过程的片段并辅助学生的前瞻思维。我发现，当学习者共同创建简答题来作为反思工具时，他们的思维就可以为人所见，任何的错误理解都会浮出水面。共同为苏格拉底测试大师创建问题而生发的讨论常常意义深远且具有实质性。
>
> 当学习者创造出一份作品来展示他们对一个学习目标的理解时，我们通常会在修改过程之前全班会面讨论这段体验。我会提出"你认为哪个问题能够较好地引导我们在修改过程中的思维？"之类的问题来启发全班同学。以这个问题为出发点，学习者要去思考以经验学习为中心的具体问题。在这种时候，学习者还可能通过其所提问题的深度来反映理解层次。我会打开苏格拉底测试大师来"创建一个测试"，然后选择"新简答题"，之后再输入班级推荐的问题。此时此刻，学习者媒介变得清晰可见。班级推荐的问题中出现的对话会以学习过程为中心。双方认可答案之后，我会加入更多简答题，同时从不同学习者那里获取建议，直到我们认为这次测试能够很好地展现我们的学习。在剩余的上

课时间或下次会面时，我们会让每一个学习者来反思之前的这段体验。如果在学习过程中使用苏格拉底测试大师，学生们总会询问如何才能拓展自己的学习，或者项目该怎么进行下一步。

结果报告对于教育者来说意义重大。每当与学习者小组、单个学习者或专题小组会面来辅助他们学习时，我都会参考下载好的数据表。这时候，我会仔细聆听，帮助有疑问的学生去理解内容。这有助于推动我的教学。苏格拉底测试大师让我能够理解学习过程和各个学习者的独特需求。

想更多地了解苏格拉底测试大师，请查看迈克的4—8年级学生创建的一些反思测试。

SOC—1139775

SOC—740458

SOC—1300650

学年初，爱荷华州麦迪逊市的艾琳·希尔芙的班级收到了30个Chromebook。艾琳一直在使用苏格拉底测试大师的太空竞赛功能来提高学生的参与度和评估他们的学习。以下是她对使用苏格拉底测试大师的看法：

苏格拉底测试大师是一款在线学习工具，教师们可以用它来给学生们创建测试。我每周四都会用到这个工具。学期之初，我的两名10年级的学生收到了他们的课程大纲。课程大纲的最后几页列出了他们到学期末要掌握的基本知识。我要求学生每周都把这些内容复习一遍。每周四，我都会用苏格拉底测试大师来测试一部分基本知识。我把所有的基本知识测试问题都放在了苏格拉底测试大师上，然后会选择太空竞赛互动游戏。

由于太空竞赛游戏的竞争性，学生们特别喜欢每周四的测试。我把学生分成4—5名成员的小组。登录进入我的苏格拉底测试大师课堂后，每一个成员都会收到一种代表他们所控制的太空船的颜色。他们每正确回答一个问题，太空船就会开始移动。游戏的目标是成为太空船开得最远的团队。太空竞赛结束后，我会让苏格拉底测试大师把测试结果发给我。程序会把包含每一个小组和每一个问题的 Excel 表格发送给我，我就可以知道学生们在哪个问题上失误了。我用它来预估或评估学生所知道的内容。如果发现他们在已经讲过的概念上失误，我就知道要重新再讲一遍。我还可以了解某个单元开始之前学生对某个概念的掌握程度，从而不把时间浪费在他们熟练掌握的东西上。

这种测试学生的方法很有趣，他们也喜欢其中的游戏元素。通过这种方式，我可以获取学生数据，评估他们的学习程度，判断课堂上的主攻方向。

学生视角

爱荷华州高中生 C. 卡莉说：

苏格拉底测试大师上的太空竞赛对于学生来说太好玩了！它鼓励我们通过竞赛来学习知识。

为什么要用苏格拉底测试大师？

教师和学生喜欢苏格拉底测试大师是因为它界面简洁，使用方便。短短几分钟内，教师就可以创建全面的测试题或有趣的交流工具。由于可以通过任何连接到网络的设备访问，苏格拉底测试大师特别适合一对一的课堂环境。谁不喜欢轻轻松松访问学生数据呢？苏格拉底测试大师的结果可以很轻易地转成能够导入学校 SIS 程序的格式。如果你在寻找一种快捷又好玩、公平又免费的评估工具，那就非苏格拉底测试大师莫属了。

更上一层楼

- "出场券"是让学生反思个人学习的好办法。你可以选择预设活动，也可以自行创建。"出场券"有助于孩子们分享班级的"高见"，或者为他们提供一种设定未来学习目标的方式。

• 通过"快速问答"功能，可以迅速评估学生对内容的理解。你可以给学生创建一个快速问答题。例如，使用判断正误选项，实时提出评估问题（没错，这时候你必须把问题说给学生听）。学生的设备上只会显示标记正确或错误的选项，他们会用自己的设备标记出对你所提问题的回答。你立刻就能看到全班的答案，并据此调整自己的教学。

谷歌表单

总览：关于谷歌表单你要知道的 5 件事：

1. 教师可以用谷歌表单从学生和家长那里收集信息，并把信息直接导出到电子数据表中。

2. 谷歌表单中有多种问题类型。

3. 谷歌表单可以添加 Flubaroo 扩展来作为评估工具。

4. 谷歌表单提供各种各样的模板，用户也可以用图片和颜色来创建模板。

5. 使用谷歌表单内置的工具可以迅速总结数据。

谷歌表单是什么？

谷歌表单最初只是谷歌文档里的一个微不足道的扩展工具。作为教师从学生和家长那里收集工具的一种途径，它迅速获得人们的青睐。短短几分钟内，教师便可创建表单，从而了解学生的理解程度。许多教师还会用谷歌表单对家长进行问卷调查，以获得重要信息。

谷歌表单使用便捷，教师只需创建出他们想让其他人回答的问题即可。问题的类型多种多样，每一种类型都能得出不同种类的数据，然后在课堂上使用。表单可以通过邮件发送给用户，你也可以提供表单短链接。

谷歌表单的功能

•问题类型。当你打算进行调查或创建测验时,你所提出的问题的类型会对你收到的答案产生巨大影响。谷歌表单提供了 9 种问题类型,包括:

1. 文本(简短答案)。

2. 段落文本(较长的答案)。

3. 多选一(只有一个正确答案)。

4. 复选框(可以选择多个答案)。

5. 从下拉列表中选择(只有一个正确答案)。

6. 刻度(用户可以用数字来标记他们的回答)。

7. 网格(用户可以用答案来对比范畴)。

8. 日期(适于以日期为答案的问题)。

9. 时间(适于以时间为答案的问题)。

•布局工具。除了问题功能外,谷歌表单还可以添加许多其他功能。这可以提供更多信息,或者帮助你布局表格,从而有助于理解内容。谷歌表单提供了 4 种不同的布局工具,分别是:

1. 小节标题(把问题分组归类)。

2. 分页符(把表单分成多页)。

3. 图片(以视觉辅助的方式帮助学生理解问题)。

4. 视频(来自于 YouTube,可以为问题提供信息)。

•扩展。最新版的谷歌表单可以添加第三方扩展工具。通过这些工具,谷歌表格可以融入谷歌表单里,节省时间,提高生产率。

1. 表单提醒推送。防止错过他人对表单的回复。当用户提交回复时,你的谷歌邮箱会自动收到提醒。

2. 表单设置。把多选一、复选框和其他问题保存下来，供以后参考。你无须重复输入同样的问题。

谷歌表单个性化设置

谷歌表单现在推出了自建模板功能。许多年来，人们总是抱怨表单提供的模板太少了。如今，谷歌为用户提供了表单各方面的个性化设置选项。最为重要的是，教师和学校可以把自己要用的图形上传至标题，学校和学区便可以用自己的商标创造出职业化、统一化的风格。

个性化设置表单时，点击工具最上方的"更改主题"，屏幕右侧会弹出一个菜单，用户便可以获取各种工具和功能。使用已创建模板时，点击接近侧边栏菜单顶部的"选择表单"按钮，浏览并找到使用你的个性化模板的表单，选中它即可。

表单测试

谷歌表单在课堂上的了不起的应用是进行测试并用谷歌评分。创建测试问题表单后，你需要访问答案电子数据表。在这里，你可以选择安装Flubaroo扩展工具。这个小程序会把电子数据表转化为可评分的格式——仿佛答案是写在电脑阅卷卡上一样。（相比过往的参考怎么样呢？）

用户只需拿一个测试题创建一个答案，其他的测试题都会在答案电子数据表中通过Flubaroo创建出来。你可以选择为每个问题设定多少分数，是否给某个具体问题评分（比如短文问题），还可以从测试问题中筛选出学生信息。当用户告知Flubaroo哪个是正确答案时，它会自动终止。只需数秒钟时间，电子数据表里就会生成一个新的表格，其中就是已经评分完毕的回答。如此一来，用户可以看出来哪个问题提得好，还可以弄清楚所有人或个人的理解程度。

亲身体验

戴安娜·柯西是密歇根州的一位教育者和课程教练，她一直在以几种不同的方式中使用谷歌表格。以下是谷歌表格影响她的课堂的几个范例。

谷歌表格是无纸化收集学生信息的好办法。由于谷歌表格可以轻易嵌入我们的班级网站，我可以把它用于测试或书面回复条目。它便于给学生安排一篇在线阅读的文章，再创建一个测试来衡量他们的理解程度。学生还可以在文章与问题之间切换，这会鼓励他们回过头来重读文章，进而回答具体问题。有了 Flubaroo 扩展工具，谷歌表单甚至还能给多选一测试题评分！谷歌表单的段落选项便于收集焦点问题，即要求学生从阅读、引用文本论据来分析和综合信息的问题。

同样地，学生也可以列出"正面"证据和"反面"证据，练习辨识论点中的论据。对于论文格式需要特殊帮助的学生而言，谷歌表单可以提供每个段落书写的支柱。观看小说改编的电影后，学生要写一篇论文，而有些学生则需要更多的指导。使用谷歌表单，我可以指导每一个段落的书写，并为学生留下创作空间。

谷歌表单还可以与其他网络工具结合起来使用。利用 Classtools.net 的山寨生成器（Fakebook creator），学生为小说里的主角创建了类似脸书界面的网页。我们讨论了《穿梭集中营》（*The Devil's Arithmetic*）里的汉娜。刚读完这本小说的前两章，学生们就为她创建了一个页面。读到书的结尾，学生会编辑页面，说明她在整篇小说中的成长与改变。这就要求学生进行批判性思考和诸多推断。谷歌表单在收集各个学生的短链接过程中发挥了重大作用。复制短链接并将其粘贴到表格中比手写的准确性高了许多。利用这些信息，我制作了一个网站主目录，学生可以浏览其他人的成果。

学生视角

密歇根大学学生 H. 大卫看中的是谷歌表单与谷歌云端硬盘里的其他工具结为一体：

谷歌表单的灵活性及易于操作使它成为调查和收集信息的强大工具。它与谷歌文档及其他工具结合使用，将访问数据和组织数据的便捷性提高了一个层次。这款工具提供多种调查格式，当它们与谷歌应用里的其他功能结合起来时，会使信息收集能用于任何目的。

为什么要用谷歌表单？

谷歌表单革新了学校内数据收集的方式。所有数据都汇入一个电子数据表中，教师可以对学生和家长进行全面的调查。所有信息都放在一个地方，追踪起来是不是更方便了呢！有了 Flubaroo 这样的工具，非正式评估的设计、实施和评分都很容易做到。随着一对一课堂的逐渐流行，谷歌表单可以让教师迅速获得课堂活动和课堂内容的反馈。这简直是云端课堂的必备工具！

更上一层楼

- 使用表格菜单下的答案总结功能，大致浏览数据。这种方式可以迅速评估学生对某个话题的理解程度，或者快速判断家长对即将到来的活动的总体态度。谷歌表单把电子表格的数据自动转换成形象的图表来展现数据。

1812 年战争有时被称作

英美战争	33	56.9%
第二次美国革命	16	27.6%
第一次内战	0	0%
美国独立战争	4	6.9%

- 要求学生用谷歌表单提交作业短链接。别让学生把在线作业的链接通过邮件发送给你，而是让他们把项目的短链接复制粘贴到谷歌表单里。如此一来，所有项目短链接便汇集到一个地方，提高了评分的速度。

- 使用二维码分享谷歌表单的链接。许多学生和家长都在使用智能设备，所以二维码非常便于把表单短链接分享给目标人群。如果你没有在一对一课堂里，谷歌表单同样好用，因为学生可以跟同学共用设备。由于谷歌表单无须登录，学生可以在同一台设备上填写调查！

Kahoot！

总览：关于 Kahoot！你要知道的 5 件事：

1.Kahoot！是一个包含测试、讨论和调查的评估工具。

2.用户可以创建测试，也可以从大型 Kahoot！公开题库中选取。

3.Kahoot！要求用户连接网络才能进行测试，另需一台设备查看问题。

4.教师可以下载测试结果来评估学生的表现。

5.Kahoot！测试分数以回答正确的次数和最快速度排序。

Kahoot！是什么？

Kahoot！是一款让学生参与竞赛的在线测试工具。学生回答问题时，Kahoot！会以实时排行榜反映学生的表现。学生回答正确和回答速度快都会得分。学生喜欢 Kahoot！的游戏氛围，教师们看重的是评估学生理解程度的功能。

Kahoot！的功能

- 在 Kahoot！里设置测试、调查和讨论都十分便捷，不过还有一些东西能提高你使用这款工具的效率。
- Kahoot！的问题可以多达 95 个字符，回答则可以多达 60 个字符。
- Kahoot！的问题中可以嵌入图片或视频。
- 图片可以立即显示，你也可以部分遮盖图片。
- 教师可以设定学生回答问题的时间。
- 默认状态下，每个问题有 4 个待选答案，不过你也可以添加更多选项。

新型评估方法

Kahoot！不是一般的测试工具。相比让学生安静地坐着在一定时间内

答题，Kahoot！则会让学生积极参与课堂竞赛。全班同学都可以同时看见并回答同一个问题，学生回答正确和回答速度最快就会得到更多分数。

首先，教师可以创建测试或选择Kahoot！公开测试题。经过基本设置后，教师便可把测试题分享给学生。Kahoot！会在一台共享教育电脑上显示测试问题，学生能看到测试问题和待选答案，然后在自己的设备上尽快勾选正确答案。每个问题回答完毕后，Kahoot！会显示一个班级排行榜。

亲身体验

过去几年来，英国瑟斯克学校电脑科学课程领袖丹·阿尔德雷德一直在使用Kahoot！，他喜欢看到学生积极参与。来听听他的说法：

> 问题与答案向来在学习、教育和测试中占有一席之地。很多时候，你的知识和智商都是以你在短时间内说出某些话题的事实和答案的能力来衡量的。然而，这些答案可以通过练习和重复来习得。获胜越来越倾向于记忆提取，而非对问题的理解。
>
> 在学校里，学生喜欢测试，因为这为他们提供了一个检验理解程度和知识的途径。过去，传统的纸质测试意味着学生要等到测试结束才能知道是否获胜或者自己的表现如何。如果教师想知道学生理解了哪些方面或者记住了哪些东西，还要先处理一大堆数据才行。
>
> 游戏节目引入了观众参与和现场互动，测试也要采用这些新方法。在教育行业，新的测试硬件已经开发出来，一所学校花4 000英镑就能为一个班级购买一套"选项及选择器"，但这个代价太高了。每个学校通常只有一套，所以要预约才能使用。反馈和用户体验仍然没有提高，接着Kahoot！应运而生了。
>
> Kahoot！在所有平台、苹果平板、移动电话和设备、安卓以及各种

网络浏览器上都能使用,这就意味着大多数学校无须投入任何资金便可运行Kahoot!。学校无须添置任何硬件,学生就可以全部进行测试。这个软件随时可用。

大约在一年前,Kahoot!声称是"互动性最强的学习工具",我由此与它结缘。我同意这个说法。它给每位玩家提供一个答题板,结合多媒体创建一个令人兴奋的学习环境。学生回答正确后会高声欢呼,手舞足蹈!回答错误则会自我反思,我知道,这有助于他们深入理解。每个问题结束后显示的排行榜使竞赛氛围变得更加浓厚,每个学生都可以看到自己得了多少分,自己的表现如何。这让人血脉贲张,最基本的课堂转变成了电子学习环境。

最初,我在每节课末尾以Kahoot!作为奖励。我会让学生从超过200万道试题的公共菜单中选择。不过,我很快发现学生显然很喜欢这种体验,而且学到了很多知识,于是我开始根据我的科目创建测试题,为共享的公共题库做一份贡献。

Kahoot!以参与和激励方式促进了学生学习。发现这个机遇后,我决定再深入一些——让学生自己创建测试题。每个学生提交1个问题和4个待选答案,其中只有一个正确答案。这让我检验了学生的理解程度,同时迅速构建一个测试题库,学生得以形成主人翁意识,使学习变得个性化。有意思的是,学生还通过思考和提出最具挑战性的问题来拓展和挑战个人的理解程度,这反过来也促进了他们的学习。

Kahoot!现在已经完全融入了我的课堂和学习环境中。我们很多节课都会用到Kahoot!。刚上课时,我用它来测试学生对某个话题的了解程度;课时结束时,我用它来衡量学生掌握了多少知识。有时候,Kahoot!会给比较难懂的理论课提供课外补习。考试复习变得有趣而令人难忘,学生会通过编写问题来测试自己的理解程度。

最后,Kahoot!会特别详细地列出每个问题的回答时间。我可以迅速浏览以颜色区分的答案,看看学生哪些问题回答错误,以判断哪些内容需要重新讲解。之后,我会把这个作为未来课时计划的背景信息,为那些回答错误的同学提供支持,或者演示对内容的错误理解。

Kahoot!给我们的教与学带来了极大的帮助。

学生视角

12年级学生G.佩吉:

Kahoot!是引导学生参与到课堂中的伟大工具之一。就连高年级学生都喜欢用它。它的竞赛氛围吸引着所有人去参与其中,鼓励学生记住他们在课堂上学到的东西。

为什么要用Kahoot!?

学生们特别喜欢用Kahoot!。这个网站把一般的测试变成了全班都可以参与的游戏。教师们喜欢Kahoot!提供的各种学习评估工具。由于可以下载学生的答案,Kahoot!非常适于判断班级的理解程度,教师们还可以把分数直接导入评分程序。Kahoot!绝不只是一款有趣的测试游戏。

更上一层楼

- 在Kahoot!问题中插入视频,更深入地探讨话题。让学生观看YouTube上的一段视频,在答题区写下答案。学生可以用多达60个字符分享答案。

- 让学生自主编写问题。学生基于自己的学习来精心编写问题,有助于加深对概念的理解。问题编写完成后,学生可以互相挑战。

- 在Kahoot!公共题库中寻找海量测试题,还可以把自己编写的问题分享给其他教育者。这就是全球协作,而且分享测试题可以大大促进全球教师和学生的学习。

演示工具

演示通

总览：关于演示通你要知道的 5 件事：

1. 演示通提供 500MB 云存储空间。
2. 现有的演示文稿可以直接导入演示通。
3. 演示通在移动设备上完美运行。
4. 可以嵌入 YouTube 视频。
5. 为教育者和学生提供了免费版本。

演示通是什么？

演示通是一个云端演示平台，它汲取了传统演示方式的灵魂，进行了彻底的革新。它的图形演示软件允许用户穿梭于演示之中，创建出炫目的三维世界。由于演示通是云端工具，演示可以在世界上的任何地方开始和结束。你再也不用为了下一次演示而惴惴不安了。演示通还特别适用于协作，同时操作一个演示通文件的人数可多达 10 个。对于想探索基于项目的学习并且要进行演示的课堂而言，这真是再完美不过了。

演示通提供了教育免费版，用户付费也可升级到 Edu 专业版（Edu Pro）或 Edu 团队版（Edu Teams）账户。每提高一个级别，用户可选择的东西就更多。

演示通是传统课堂演示文稿的绝佳替代品。学生喜欢这个工具，因为它是基于云端的。有些学生家里没有演示文稿软件，所以在学校里创建一个演示通文件，回到家里还能继续操作，就为他们带了极大的便利。演示通有许多值得探索的好功能。

对于教师来说，演示通可以用来玩转课堂。教师可以把视频嵌入演示通，学生可以绕着演示通转，观看视频，记录他们所看到的东西。作为回应，学生也可以在最后创建演示通来展示他们学到的东西。这一切都可以在学生家里的电脑和任何移动设备上完成。学生在哪里,教师就在哪里,这是云计算的一个重要部分,而演示通就是一个适合移动的完美工具。

演示通的功能

• 协作。演示通的协作工具允许多人同时操作一个演示通文件。这个功能适于想让演示具有多样性并且想与大团体共事的学生。演示通可以在多平台运行,无论用户使用任何设备,都可以轻松实现协作。

• 演示控制。演示通可以远程演示。如果一名团队成员不在场,无论他们身在何处,所有用户都具有控制权限,演示依然可以进行。演示控制权可以交给任何一个用户,这对于距离较远的团队是很棒的选择。

• 移动应用程序。演示通为苹果手机和苹果平板提供移动应用,苹果系统用户可以随时随地创建和共享演示通。对于配备苹果系统设备的一对一课堂来说,学生可以在自己的设备上创建并分享演示文稿。

• 模板。演示通为用户提供的模板适用于任何类型的演示文稿。相比普通演示文稿中为数不多的静态背景,演示通提供了许多华丽的模板,用户也可以上传照片和视频来自行创建模板。

教育:	Edu普通版	Edu专业版 (物超所值)	Edu团队
存储空间	4GB	无限制	无限制
隐私管理设		●	●
任何设备都可使用	●	●	●
高级支持		●	●
图片编辑工具		●	●
离线工作		●	●
Prezi培训			●
核心账户管理			●
低成本(按年收费)	免费	$4.92/月 (30天免费试用)	$4.92/月
	选择购买计划	开始免费试用	了解更多

演示通努力推陈出新,致力于提高用户体验。关注演示通更新,让你的云端演示体验变得更好吧。

亲身体验

斯塔·萨克斯坦是一名高中英语教师,她努力让学生们把科技融入自己的作品里。她在课堂上使用演示通的经验丰富。咱们来听听她的说法:

演示通提供了强大的创新共享体验

创新向来居于教学的前线,它让学生们得以用各种方式向我们展示他们知道些什么。演示文稿是孩子们展示有意识、有效地传达和交流信息能力的好办法,但演示文稿往往呆板而单调。

PowerPoint 或谷歌幻灯片虽然很强大,但对于想让观众眼前一亮的学生来说,它们有些沉闷直接。学生学习使用演示通可以锻炼协作能力,并且制作出形象地传达他们所分享的内容的演示文稿。

在大学先修课程文学与写作中,我的学生在研究《远大前程》(*Great Expectations*)之前,先用演示通展示了查尔斯·狄更斯所处的19世纪英国的社会问题。他们合作研究并制作了小而有效的学习过程演示文稿。任务期限是两天,学生们提出了以下研究标准:"分析一系列思想或事件顺序,解释特定人物、思想或事件如何在文本中交互和发展。"他们不仅要查历史背景,还要把历史背景与我们阅读的文学作品联系起来,才能理解其历史意义。

演示通做好以后,孩子们在班里布置好了展览区。学生们挨个看过他人的作品,一边记笔记,一边向演示文稿的制作者提问。这些作业中所涉及的严谨与创意远远超过了一般的演示文稿:它们本身就是一个明证。它结合并达到了一个标准,即"整合以多种格式和介质(如视觉的、定量的和口头的)存在的各种信息源,评估每个来源的可信度和准确度,找出数据中的矛盾所在,从而做出知情决策并解决问题"。完成这个任务后,学生们学到了很多东西,充满了喜悦。

演示文稿具有各种导航和主题，学生可以选择那些适于展示内容的方式，从而让他们参与到略显枯燥的背景信息搜索。另外，演示通可以公开分享给需要这些信息的任何人，学生的学习就变成了一个巨大的网络。

除了用演示通展示课堂作品外，学生还可以用这个强大的演示网站展示他们的成果。由于每个小框里所写的内容不多，学生更倾向于把演示放在正中间，然后给观众讲解。

观众会看到学生组织论据所投入的大量工作，并且能以多媒体方式讨论学生的学习。

科技在不断发展，学习也与时俱进，教育者的职责就是以身作则，引导学生使用这些强大的工具。只会读写已经不能适应社会了；如今，我们要改革创新，实现内容与方式的平衡。

詹妮·斯坦姆堡是一名 4 年级教师，她喜欢用演示通来教学。她给我们分享了学生如何使用演示通来进行项目展示的故事：

我使用演示通网站的方式是自己先做一个演示文稿，在老兵节那天的学校会议上，展示学生赞扬老兵的阅读段落。这个方法很有效，因为学生很容易参与其中，他们看出了演示通这个工具的强大，而这次展示也让全校印象深刻。添加 YouTube 视频、图片和图表到一个简单好用的网站上，这真的很让人心动。演示通的一个强大之处就在于可以通过网络访问，人们不需要再发送文件或带着自己的笔记本来做演示了！

在课堂上做完展示后，我简短地向学生介绍了演示通网站。我教他们如何创建一个简单的演示通文件，如何添加图文框和文本。正所谓师傅领进门，修行靠个人，之后的就要他们自己去领悟了。4 个学生接受了挑战，以演示通代替笔记应用来展示他们的下一个项目。他们为自己的作品深感自豪，其他学生受到激励，下次也要试试演示通。

演示通网站的另外一个强大功能是搜索标签。我们曾多次使用演示通来寻找关于某个科目的更多信息。话题多种多样，从刘易斯与克拉克远征到从句，应有尽有！如今，我们正在研究海藻，我找到了一个现成的演示通复制下来，然后取其精华弃其糟粕，展示给了学生们。

学生视角

大二学生 M. 萨姆讲述了演示通如何让他积极参与大学课堂学习：

作为学生，我就是觉得演示通比 PowerPoint 好用。几年来，PowerPoint 变得越来越陈腐标准化，对我来说，它现在已经到了无聊的程度。演示通推出的功能非同一般，比 PowerPoint 更能让我保持注意力。我还喜欢演示通的创意，它特别适合比较懂科技的年轻人和高中学生。演示通的"神秘"元素吸引着学生们，对于在社交媒体时代成长的创意学生而言，它绝对具有更大的魅力。

演示通是什么？

无论用户是教师还是学生，演示通都提供了一个改进传统演示的机会。这个工具的协作功能和三维环境生成绚丽的演示文稿，让那些习惯于幻灯片的观众更有参与感。演示通提供许多升级套餐，但 Edu 版足以让学生和教师的演示文稿鹤立鸡群。

更上一层楼

- 其他班级的学生可以共同利用演示通的协作功能制作有深度的演示文稿。这些演示通文件可以涵盖各种话题，可以在自己家里随时操作。真正厉害的是，你可以与其他学区的学生一起制作，无论何时何地，学生都可以在演示通上协作。这种自由度大大减少了学生创造和学习的障碍。
- 演示通为学生提供了一个把数字文件分享给班级和社区的好办法。演示通允许用户嵌入视频和其他 PowerPoint 文件。让学生用演示通制作演示文稿为学生分享作品提供了一种动态方式。

- 演示通适于喜欢制作思维导图的学生。演示通便于用户识别重要信息，把注意力放在最主要的地方。几个可以一起利用演示通的协作功能，把它作为思维导图工具，找出项目的重要方面。

谷歌幻灯片

总览：关于谷歌幻灯片你要知道的 5 件事：

1. 谷歌幻灯片允许用户创建在线 PowerPoint 幻灯片，用户也可以自行从零创建。

2. 多个学生可以同时操作一个幻灯片。

3. 使用多种图片编辑工具，可以直接在演示文稿内对图片进行操作。

4. 谷歌提出了上百种新功能，字体超过 450 种，还有大量动画、主题和过渡效果。

5. 用户可以通过剪贴板无缝使用谷歌文档和谷歌表格。

谷歌幻灯片是什么？

谷歌幻灯片是一款很棒的在线演示工具，用户可以在云端创建和分享幻灯片。谷歌幻灯片可以从 PowerPoint 等程序中导入已有的演示文稿，然后转换成可编辑的在线文件。与其他谷歌云端程序一样，学生也可以分成小组在谷歌幻灯片上面协作。谷歌幻灯片便于学生分享演示文稿和同时协作。

谷歌幻灯片的功能

- 谷歌幻灯片的 450 种字体任你选用，为用户提供各种个性化选项。
- 谷歌幻灯片为用户提供了上百种不同的模板。用户可以预览模板，然后应用到项目中。
- 谷歌幻灯片提供了 7 种不同的动画效果，可以提高用户演示文稿的质量。另外还有 6 种转换效果供用户制作幻灯片时选择。
- 可插入幻灯片的内容包括：YouTube 视频、图片、绘图、线条、艺术字。
- 使用网络剪贴板从谷歌文档或谷歌表格粘贴内容。你可以在一个应用里制作图表或图解，然后再粘贴到另外一个应用里。复制内容大约能在网络剪贴板里保存一个月，所以你有大把的时间获取这些内容。

谷歌幻灯片中的图片编辑

让学生制作演示文稿的原因之一是通过多媒体令演示内容生动形象。谷歌幻灯片基本涵盖了演示内容的编辑工具，但你还可以找到几个富有创意的编辑工具。谷歌幻灯片内置了一个图片编辑器，为用户提供了许多创意选项。这些工具会给学生的演示文稿增添一些活力。

图片编辑十分简单，只需像平常一样把图片添加到幻灯片里，然后点击图片，工具栏会出现一个修剪图标。用户不仅可以修改图片大小，还可以把图片修剪成一定形状。幻灯片内图片编辑功能保证用户得到期望的图片尺寸，让图片与内容相得益彰。

协作与共享

谷歌幻灯片的强大功能之一是小组协作。使用软件类工具通常意味着一个学生在做，其他学生都在围观。当然，用邮件和其他工具可以弥补这个缺陷，但谷歌幻灯片把项目协作变得简单了。学生只需共享项目，然后就可以开工了——是同时进行的哦！

让学生创建一个课堂项目，每个学生在自己的幻灯片里添加信息。通过"修改历史"选项，教师可以查看特定谷歌幻灯片演示文稿的所有更改。这有助于管理学生的参与度，并且通过评论给单个学生提供反馈。

亲身体验

比尔·席德乐是印第安纳州的一名教师。对于他的学生来说，谷歌幻灯片是制作演示文稿不可多得的工具。让我们来听听特尔斐社区小学学生与谷歌幻灯片的故事吧。

如何在 DCES 4/5 应用谷歌幻灯片呢？DCES 4/5 是指我们的学习社区，即特尔斐社区小学 4 年级和 5 年级的课堂。在学生、教师和家长的满心期许下，我利用谷歌来安排我们每天要做的事情。过去几年来，每个学年之初，我都会先画出我的教学日。大多数人都是用纸和笔来做的，但我早已开始数字化。我们会以热身活动开始新的一天，之后是数学、阅读、协作、文字学习、科学和社会研究。接着，我会每天制作一些模板（周一至周五）。大家都知道，制作谷歌幻灯片其实就是在生成一个短链接。我把这个短链接放在我的网站上。从课时规划的角度来考虑，我会把这一周的幻灯片做成很多份，整个学年的每一天就都有一张幻灯片了。做学校规划时，我会制作每天的幻灯片，把当天的课程通知给孩子们（当天的幻灯片会显示在 SMART 黑板上，任何更改都会自动更新到网站上）。课程信息既显示在 SMART 黑板上，也会以网站链接的形式发给能够上网的家长。每天晚上，我都会把那天的幻灯片拖到演示文稿的最后面，然后把当天的幻灯片放在最上面，保证通过网络就能轻易找到。另外，缺席的学生如果错过了上课，也知道去哪里找东西。此外，我的所有学生都能使用笔记本，所以我们在不断向真正的一对一环境发展。如果幻灯片页面不再显示，大多数孩子会在笔记本上打开一个标签，随时都能一眼找到这一天！

管理者要求每项活动都要有其目的性。查阅印第安纳州教育标准和共同核心标准时，我会在幻灯片的每一个科目区加一句"学生将……"说明。学生会把这些说明抄写在自己的专题页上，有助于他们理解开展每项活动的目的所在。我还会在演示文稿内嵌入内容，学生可以点击链接，通过网络连接转到其他地方，以获取更多信息或练习某项技能。其他教师常常把活动要点写在黑板上，结果一天结束就被擦掉，这个痛苦的过程一次又一次地重复——我就不一样了，我的活动要点都写在谷歌幻灯片里。别人可以看到我们这一年每天都做了什么，而且确实有学生根据某天读的东西而回想起那一天。

作为教师，我得以随时规划和整理教学内容。我再也不用把教师用书拖回家（网上都能找到），也不用手写接下来的一天、一周或一个月的活动。遇到意料之外的取消、推迟等状况发生时，我无须擦除，只需从谷歌幻灯片复制粘贴到我想要的幻灯片上即可。当然了，通过这个网站，在线浏览文件的人会马上看到这些变动。我见过许多教师的计划表，当他们擦除、涂改和重写复杂的计划时，我都会为他们感到悲哀！

我们使用谷歌幻灯片的另一个场合是家长会。学生要在幻灯片内添加的内容都已经有了，这些内容会反映他们在一年里的成长历程。我举个去年的例子。我们每周五都会要求几个孩子制作一个跟他们感兴趣的内容有关的幻灯片。喜欢体育活动的男孩们制作的幻灯片大多跟著名的棒球运动员、篮球运动员和足球运动员有关。女孩们的内容大多跟动物或歌手有关。不管怎样，班里的每一个人都了解了关于某个主题的新东西。

还不信服？我们班的社会科学课研究了失落的殖民地，学生们用谷歌幻灯片制作了一些演示文稿。每个演示文稿的幻灯片都在20—40张之间。最终，罗阿诺克殖民地赢了。另外，学生以小组为单位，针对在学校学习的任何科目的某些主题制作了演示文稿。

这些都是我们班使用（和喜欢）谷歌幻灯片的范例。

贝姬·夏燕同样一直在和学生一起使用谷歌幻灯片，不过她的学生都是住在华盛顿特区的成年学习者。

我在一所为成年移民开设的公立特许学校教英语第二语言。我针对不同层次的学生使用谷歌幻灯片的方法各不相同。不过，我教过最好的一节课是通过谷歌幻灯片进行差异化教学，满足不同层次的学生的需求。

作为简单过去时课程的拓展，学生要选择一个著名人物，以小组形式制作一个关于此人的演示文稿。在我的课堂上，学生的英语程度和计算机操作能力参差不齐。为了让每一个学生和小组都能取得成功，我决定把每个小组成员的角色差异化。我制作了一个框架演示文稿，里面只有1张标题幻灯片和3张带有标题的幻灯片（早期生活、为什么著名等）。我在幻灯片的注解部分敲下小组成员的名字，然后分发给他们。

小组成员分别有一名高层次、中层次和低层次的学生。我安排低层次的学生去制作"早期生活"幻灯片，因为这种信息最容易寻找和理解（出生时间和日期，关于教育和家庭的信息等）。高层次的学生负责"为什么著名"，因为这种信息比较难表达。制作过程中，高层次的学生通常比其他成员先完成。

谷歌幻灯片允许这些学生操作演示文稿中的其他幻灯片，从而在编辑或内容上为小组成员提供帮助。除此之外，在小组成员完成制作后，这些学生还可以编辑标题幻灯片和设置格式。我所看到的协作令人惊讶。学生们互相帮助，展现出了极强的主人翁意识。当他们在全班面前演示的时候，这就变得越发明显，我看到学生在对他们的话题即兴发挥。这在成年人的英语第二语言课堂上是很少见的，因为学生害怕出错，即兴发挥的可能性不大。

这项活动重复进行了多次，取得了重大成就。最近，我的学生制作用同样的格式为黑人历史月制作了关于某个非洲国家的演示文稿。他们把演示文稿分享给了班级谷歌。有一组学生参加了上个学期的微软应用课程，他们坚持要用 PowerPoint。我任由他们使用这个工具，因为他们用着顺手。然而，当他们看到其他小组都在同时操作一个演示文稿，而且把最终成果分享给社区的时候那么方便，他们也动心了。有个学生告诉我："要是当初用谷歌幻灯片，我们随时随地都能一同操作，那肯定容易多了。我们的一个组员缺席，就算在家也可以帮我们一把！"

学生视角

辛西娅是特尔斐社区小学的 5 年级学生，她是谷歌幻灯片的铁杆粉丝：

> 我超级喜欢在课堂上使用谷歌幻灯片！特别是我缺席的时候。如果说我因为感冒缺了两天课，我可以登录班级网站，点击老师的谷歌幻灯片，然后在家里做作业。我们的"专题页"幻灯片给许多同学提供了很好的资源。

为什么要用谷歌幻灯片

谷歌幻灯片是一个特别适于云端制作和共享幻灯片的工具。它为学生提供一个小组协作的平台，让学生能够参与其中，而不是只做旁观者。你想要的编辑工具，谷歌幻灯片都应有尽有，还有一些创意工具会让你大吃一惊。总而言之，这是把你的演示文稿存储在云端的好办法。

更上一层楼

- 把谷歌幻灯片演示文稿嵌入你的网站或博客。通过这种办法，你无须使用电子邮件，也无须给学生提供访问另一个文件的权限，就可以把内容分享给他们。学生和家长在你的课堂网站或博客上就能找到你的演示文稿的全部内容。

- 与移动注结合使用。谷歌幻灯片本身就是一个很好用的演示文稿工具，再加上移动注，可谓如虎添翼。移动注是谷歌云端硬盘的一个插件，用户可以用它来为演示文稿制作视频旁白。它使用方便，能够帮助学生随时随地制作高质量的演示文稿。移动注让你的课堂登峰造极 —— 只需打开视频摄像头，就可以开始啦！

- 在移动设备上使用谷歌幻灯片。谷歌幻灯片最近发布了苹果系统设备版本，这将会为制作高质量的演示文稿带来更多选择。

#　大杂烩

动画魔图

总览：关于动画魔图你要知道的 5 件事：
1. 动画魔图为苹果系统和安卓设备提供免费应用。
2. 创建账户时需要提供电子邮箱地址。
3. 制作出来的视频可以嵌入其他网站。
4. 视频可以分享到脸书、推特，甚至可以上传到 YouTube 网站。
5. 教师可以申请免费专业版账号。

动画魔图是什么？

动画魔图是一款在线、移动应用，用户可以上传图片、视频片段、文字和音乐，并且可以自己制作视频。动画魔图的免费版用户可以制作长达 30 秒的视频，视频中可以使用音乐库中的 300 多首歌曲。5 美元每月或 30 美元每年即可升级，用户可以制作 10 分钟的视频并下载。专业版用户可以制作 20 分钟的歌曲视频，以高清方式存储视频，获取超过 2000 首商业授权歌曲，另外还有其他商务功能。对于教师而言，免费账号已经够用了，但如果真的特别喜欢为学生制作视频，也可以升级到 Plus 账户。

动画魔图用户可以从电脑或其他云端应用程序上传图片或视频。对于把照片存储在很多地方的用户来说，用动画魔图来制作视频就方便多了。Flickr、脸书、图享和其他地方的图片都能用来制作视频，也无须搜遍整个网络去寻找合适的图片。一般用户都可以迅速便捷地把精美的图片和好听的音乐整合起来。

动画魔图的功能

全球共享

提到动画魔图，就不得不提一下共享制作好的作品是多么简单。学生或教师制作视频后,可以通过各种社交媒体轻松地将其分享出去。对于拥有推特公共账号或脸书主页的班级来说,这种方式可以把精美的内容分享给家长和社区,让他们看看课堂上的成果。动画魔图用户还可以把成品直接上传到 YouTube 网站,然后嵌入视频。视频上传至 YouTube 或嵌入班级博客后,全世界的人都能看到学生的作品。如此一来,学习就跨越了课堂的限制,而且把学生和教师跟全世界的观看者联系起来。

移动应用

动画魔图的另一个重要特征是提供移动应用,用户可以随时随地制作幻灯片。教师和学生可以在漫长的一天结束后躺在沙发上,或者放学后等待同学的时候靠在柜子边,都可以用平板上的动画魔图制作幻灯片。应用要创造一种移动环境,因为人们总在奔走着。对于"自带设备"和一对一环境,动画魔图因为其移动应用而成为课堂上最受喜爱的工具。免费版用户可以访问之前的成品以及制作新幻灯片所需的工具。

用户带着自己的设备四处奔走,同时又能使用动画魔图,把他们从桌边解脱出来,为制作幻灯片提供了无限的可能。教师制作课时计划的时候要考虑这一点;学生希望能在奔走中尽可能地创造,动画魔图恰好能实现这个愿望。既然有这么一个免费的移动应用,让学生能在学校走动的时候制作东西,那么他们就不应被困在计算机实验室里死盯着传统的幻灯片。动画魔图的移动应用是学生和教师的好帮手。

亲身体验

凯伦·奇彻斯特是一个充满激情的教师,她一直在努力寻找不同的方式来让学生们展示自己的研究。动画魔图成了她的课堂上的重要工具。来听听她的说法:

> 在关于领导力和说服力的一个大单元里,2 年级的学生学习了埃利·威赛尔(Elie Wiesel)的自传《夜》(*Night*)。在这个单元里,我们讨论了宣传以及如何用情绪来说服观众。单元结束时,我让学生制作一

份关于"大屠杀"[①]或当代种族灭绝的宣传材料。对于几个喜欢写东西的学生,我让他们选择写论文。这个项目的目的是让学生充分利用图片和音频勾起观众对话题的情感反应。

多年以来,学生给我的都是写满字句的幻灯片,而且常常照着幻灯片念,于是我决定想个别的办法。动画魔图恰好符合我的要求。把动画魔图推荐给学生后,大多数人因为它的操作便捷而选择了它。我特别喜欢动画魔图,因为它限制了一张"幻灯片"内可用的字符数,从而把重心转移到了图片和音频上。

这个任务分别以团队项目和个人项目实施过。话题是通过随机抓阄分配的。

杰弗逊高中采用的是柯林斯写作项目——跨课程写作。这个任务按照重点纠正区(Focus Correction Areas)进行评分。这个评分系统取代了量规,也可以很容易地转成评分量规。研究方面与视频本身分开评分。

学生视角

10年级学生C.汉娜:

动画魔图让演示文稿的制作变得前所未有的有趣。那么多炫目的特效和功能,我做起项目来也有动力。

为什么要用动画魔图?

动画魔图是一款功能强大的工具,用户可以摒弃传统的幻灯片,制作故事更加生动的有趣视频。学生用免费账号就可以通过引人入胜的视觉形式分享他们所学到的东西,这种自由度是传统幻灯片所不具备的。学生需要提高其演示文稿技能,动画魔图恰好能让学生思考更加复杂的演示文稿,让他

[①] 指第二次世界大战时期的种族灭绝。

们远离正在业界慢慢消失的传统幻灯片模式。

　　动画魔图的移动性也是一个值得考虑的重要方面。对于"自带设备"和一对一课堂而言，学生可以在自己的设备上使用动画魔图这款强大的免费应用，制作课堂所需的内容。学生在教室和学校走动时也可以使用，这样就能拍摄出更加有趣的图片和视频，同时还可以使用存储在相关社交媒体账号内的图片。教师可以迅速拍摄照片，然后通过在教室里拍照或录像来制作动画魔图幻灯片。课时结束之前，这个视频可以上传到 YouTube 给家长看。行走与制作的自由会产生无数令人惊讶的创意。

更上一层楼

　　• 学生可以用动画魔图为各自的阅读任务制作书籍预告片，分享他们喜欢书的哪些方面，但一定要简洁，因为他们只有 30 秒的录制时间。

　　• 有了动画魔图移动应用，学生们可以玩"寻宝"游戏，把他们找到的物品的照片都放在一个动画魔图里，然后嵌入博客或上传至 YouTube。

　　• 教师可以制作 30 秒的视频，以神秘的方式介绍一本新书。学生则根据教师使用的图片、视频和音乐来猜测这本书是讲什么的。

网页故事墙

　　总览：关于网页故事墙你要知道的 5 件事：

1. 每面网页故事墙的字符限制为 160。
2. 无须注册就可以在其他用户分享的网页故事墙上发布内容。
3. 用户可以根据自己的喜好对背景进行个性化设置。
4. 发布的消息不限尺寸，可以放在墙上的任何位置，也可以放在上一条消息之后。
5. 用户可以通过"审核"选项决定是否让消息出现在墙上供公众浏览。

网页故事墙是什么？

网页故事墙以前叫许愿墙（Wallwisher），用户可以通过这个在线工具把消息贴到一面虚拟墙壁上。想象一下，这就是一张便笺纸，任何人都能看到并且发布任何内容：备忘录、视频、图片和文件等。这面虚拟墙壁可以设为隐私，也可以共享，从而成为一个很棒的协作环境。网页故事墙还可以嵌入网站，此时这面墙仍然具有交互性，所以人们可以在网站上编辑这面墙，不需要再跑去网页故事墙网站。简单来说，网页故事墙就是现代教育者的留言板。

网页故事墙的功能

• 布局。网页故事墙共有3种布局方式。"自由布局"允许用户把内容放在网页的任何位置；"条理布局"是把内容上下排列；"网格布局"则是以网格形式把内容呈现在墙上。

• 墙纸。用户可以从背景库里选择，也可以自己上传，实现故事墙的个性化设置。

• 隐私。用户可以设置为仅通过邮件邀请才能访问，必要时还可以采用密码保护。网页故事墙还可以设为公开，任何人都可以查看和使用。

• 独一无二的短链接。用户注册后可以创建一面墙壁，为墙壁选择独一无二的短链接。对于无法记住各种故事墙短链接的学生来说，这可是个好办法。

• 移动性。网页故事墙的一个亮点是移动应用。网页故事墙应用程序在 Chrome 商店和 iTunes 应用商店里都可以找到，方便了用户随时添加笔记。网页故事墙开发者明白，用户不会一直坐在电脑前使用他们的产品，于是推出了一个很棒的移动平台，让用户在应用程序上分享笔记、想法、协作和其他内容。对于一对一课堂来说，教师和学生使用网页故事墙就变得更加方便了。

• 共享。网页故事墙用户可以用多种方式共享他们的故事墙。用户可以生成嵌入代码，把网页故事墙发布在网站上。通过这种方式，教师可以把学生做作业时访问的网站数量减到最少。网页故事墙还可以通过推特、脸书、谷歌等其他社交媒体共享。网页故事墙还能生成二维码，方便用户分享给其他人来访问自己的故事墙。

亲身体验

艾琳·克莱恩给我们分享了她在课堂上使用网页故事墙的几种创意方式，咱们来听听她的说法：

在课堂用网页故事墙进行协作和制作交互性便利贴！

课程计划

这是我利用网页故事墙来组织一周课程计划的范例。网页故事墙可以设置为隐私，也可以设为公开并共享给任何人。对于想知道这一周都有什么安排的家长和需要获取课程计划以进行评估的管理者，这些故事墙都可以轻松地分享给他们。如果教师想以电子形式形象地展示他们的课程，网页故事墙的条理性正适合他们。

地理地图

背景上放一幅世界地图，学生可以贴上标签说明他们去过哪里，还

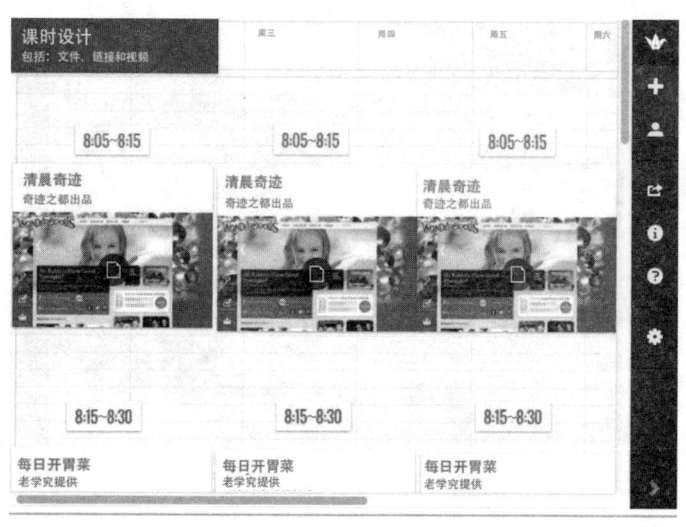

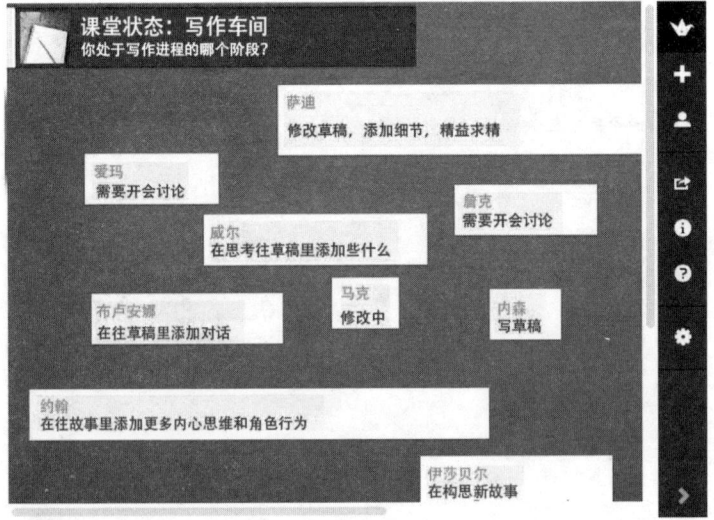

可以添加媒介来提供关于他们所去过的地方的更多信息；学生可以上传家庭旅游照片，也可以从网络上找到能够代表他们所去过的地方的图片或视频。这幅地图可以用一整年，学生可以一边旅游一边往里面添加内容。整个学年下来，全班同学看着这幅地图逐渐丰富起来该是多么有趣！

班级状态

作为阅读与写作教师，我常常在让学生开工之前检验一下"班级状态"，而使用网页故事墙很快就能做到这一点。小课结束后，我会把网页故事墙的链接二维码放在 SMART 黑板上，学生扫描后就连接到了网页故事墙。接着，他们就可以汇报自己的进度了。

学生发布信息后，我可以拖拽他们的评语，按照不同的进度来排列顺序。换句话说，我可以把需要"教育一番"的学生聚到一起。只需点击学生评语，拖拽到其他正处于修改阶段的学生旁边，就可以完成分组了。

学生视角

11 年级学生 B. 约翰：

网页故事墙特别适于全班一起使用。它像一个巨大的讨论板块，学生们可以与教师和同学保持联系。

为什么要用网页故事墙？

网页故事墙极具灵活性，所以特别适于课堂使用。它就像一面空白墙壁，谁都可以在上面放置自己喜欢的东西。这可能听起来有些吓人，但也意味着无穷的使用空间。在付费会员制或用户空间限制的年代，要想保留一些数字空间变得越来越难。网页故事墙用户想创建多少面墙都可以，文件存储多久都可以。未来的几年时间里，网页故事墙可以成为学生的资源库，只要用户维护就不会过时。

更上一层楼

- 网页背景墙可以用于班级讨论，也可以作为当天的私下沟通渠道。这些内容可以嵌入班级网站，供学生回顾、研究或作为论文的参考。

- 全班的每一个学生都可以创建网页故事墙，其链接可以共享给所有同学。这些故事墙可以用于为到场听课的学生提供反馈。内容发布可以匿名，所以学生会留下真实的、富有建设性的反馈。

- 网页故事墙还适于组织班级聚会。学生可以记下他们想要带去的好东西，随后在移动设备上通过网页故事墙查看，以免遗忘。

小屁孩博客

总览：关于小屁孩博客你要知道的 5 件事：

1. 符合《美国儿童网络隐私保护法》，无须学生提供任何个人信息。
2. 教师拥有所有学生的博客和账户的管理权限。
3. 可以创建家长及访客账户，提供更多的访问权限。
4. 免费上传空间为 100MB。
5. 没有广告！

小屁孩博客是什么？

小屁孩博客是一个博客平台，学生无须用个人信息注册即可发布博客。小屁孩博客基于 WordPress 发布平台，教师可以创建在线环境，供学生以数字化方式写作和共享。小屁孩博客具有其他博客网站的同种功能（嵌入、评论、隐私设置等），但它面对的是 K-12 的学生。

小屁孩博客提供免费版，教育者可以付费获得更多功能，实现小屁孩博客的深度个性化。缴纳一定的费用，就可以创建更多的学生账户，获得更多的上传空间，添加能够优化博客体验的其他功能。根据教育者在学校内使用小屁孩博客的不同需求，这些升级可能恰恰投其所好。

小屁孩博客的功能

- 安全。小屁孩博客为所有年龄段的学生提供了一个安全的博客环境。教师可以设置安全等级,既可以让全世界都能看到博客内容,也可以只让学生和教师阅读。

- 无须使用电子邮箱。小屁孩博客不需要学生提供个人电子邮箱,所以教师可以替他们注册,并且不会违反州级和国家法律。如此一来,所有年龄段的学生都可以发布博客。

- 审核。教师能够看到所有发布内容和评语,可以按需设定高级别审核和低级别审核。新内容发布时的电子邮件推送提醒让教师可以随时进行审核。

- 无广告。家长和学生不必担心孩子们在使用小屁孩博客时可能看到的广告。这些博客上不会出现任何广告,学生可以集中精力进行写作。

- 分级定价。教师可以让学生体验更多的小屁孩博客功能:创建更多的教师账户、上传更大的文件、获得更大的存储空间、无限制的学生账户等。

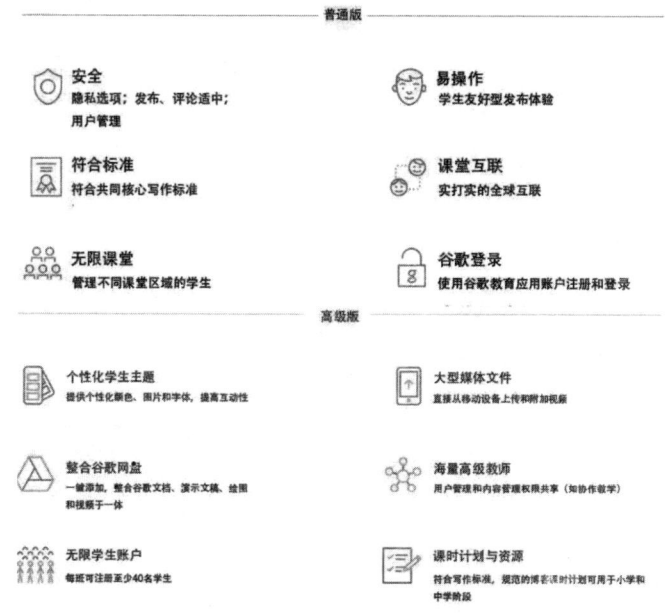

第五章 一锅端 125

亲身体验

玛利亚·赛尔克是宾夕法尼亚州的一名小学优质资源教师和流行文化铁杆粉丝，她一直在为学生寻找表达自我的各种办法。她有很多关于学生如何写出好东西和创建好项目的经验要分享给我们，来听听她的故事：

我在暑假花了很多时间去思考学生学习。今年可以添加什么内容来更好地满足他们的需求呢？无论是旅游、阅读、看电影乃至在家里四处溜达，我的脑海里都会一直窃窃私语："该怎么使用这个？"写博客成为我的写作生涯的重要部分，所以我自然而然地会想，是不是可以为我的课堂也引入旁观者呢？如果孩子们的观众不再只是教师，那么他们的写作经历会不会变得更加有趣——更具有愉悦感呢？

我之所需

作为小学教师，我需要一个能够在这个数字化社区里庇护并引导学生的环境。我要确保自己具有管理发布博客和评论的权限，让家长们知道自己的孩子很安全。我还需要一个能为学生提供创意自由的网站，让他们能管理自己的内容和轻松访问同学的博客，从而让更多人看到他们写出来的内容。不仅如此，在班级博客上发布内容和评语，有助于培养共同核心标准里所要求的许多技能。

小屁孩博客之所供

小屁孩博客既能扩大读者群，又能保障教师管理权。今年我很安心地征求家长同意孩子们使用博客，因为我可以承诺自己拥有支配权。小屁孩博客允许教师决定谁能发布、阅读和评论博客。我的设置相当严格。我们班与另外两个班联谊，只能互相阅读和评论博客。只有经过我的批准，博客和评语才会显示出来。通过这些设定，我相当于与学生默默谈话，让他们明白发布博客给同学看时要掌握的一些数字居民技能。犯错误是学习过程的一部分，这样我就可以从起步时引导并支持他们。

订阅后，小屁孩博客会为学生提供许多模板，让他们个性化设置自己的博客。我的学生特别喜欢这种表达自我的方式，我们也得以探讨了平面设计的一些方面。他们在博客里应用各种字体和颜色，有时候弄得一篇博客难以看懂，但总归是好的。

我们写些什么

学生可以自由选择博客内容。今年，有些学生动员朋友参加动漫群、诗友会和图书分享小组。在每3个月举办的"书籍争霸赛"中，每一场比赛的链接和最喜爱的书籍宣传都会发布在我们的小屁孩博客页面。

不过，我的阅读小组都有周任务。读小说的时候，他们会选择把哪些内容发布到博客上。我教过通过评论创建对话的指导原则后，他们每周的任务又增加了评论其他人的博客。由于我还负责提高学生的词汇和习语水平，我决定提高其趣味性。我每周都会列出一个单词和一个短语，附加几个创意回复类型。我希望学生了解其含义，然后用在诗作和散文里。许多家长和学生向我反映，他们特别喜欢这些作业的自由度。

孩子们的反馈

当我向孩子们征求这一年使用小屁孩博客的反馈时，他们都说很喜欢在电脑上做作业。许多人会担心纸会丢掉（或者湿掉），而如今即便笔记本丢在学校，他们照样能做作业，这真是帮了大忙。许多人说发布博客更能激发人去练习打字技能，而这项技能在中学时极为重要。有些学生说希望能有更多的字体选择，而给博客贴标签和控制面板导航有时候也比较让人头疼。今年暑假，我要花些时间找出或制作关于这些方面的指导说明。

如果你在寻找一种把博客融入课堂的工具，那么就不要错过小屁孩博客。小屁孩博客的等级管理十分方便，可以决定社区的大小，任何年龄段都能使用。

玛丽·贝斯·赫尔兹是宾夕法尼亚州比伯市科学领导力学院（Science Leadership Academy）的艺术科技教师和科技协调人。她以许多种创新方式把科技融入教学中。咱们来听听她的故事：

课堂学习的一个重要内容是写作技能。许多教师会让学生写日记或写故事，有些学生甚至还发表了作品。如今，如果说学生写的东西都能轻松编辑、发布，而且不止分享给同班同学，还可以分享给其他班级乃至全世界，会是怎样的一种体验呢？这就是博客的强大之处。

对于教师们来说，最容易操作的博客平台之一就是小屁孩博客。通过这个免费博客平台，教师可以为学生创建班级博客，为每个学生提供独立的博客空间。教师创建学生博客账户时无须电子邮箱地址，而且用户名的设置可以防止暴露学生姓名，尤其是年纪太小的学生。除此之外，当学生登录博客时，他们可以从用户名列表中选择自己的名字，无须每次输入用户名。凡是跟小孩子们打过交道的人都知道，这简直是天赐之福。

我用小屁孩博客最多的是和这里的 3 年级学生。我教过的这些学生学到的不仅仅是写作技能，而是掌握了许多 21 世纪技能，例如打字、文本编辑、正确发音和文字间距、标点符号、上传文件，最为重要的是，他们学会了高效文明的在线互动。

我们做过的最让人难忘的是一个动物研究项目。学生学会了如何用关键词进行网络搜索，学会了如何从网络资料中提取信息。他们把笔记变成篇章，通过博客分享他们学到的关于某个动物的知识。之后，学生可以互相阅读调查结果、互相评论和互相提问。由于我教的是 3 年级的两个班，这两个班也能互相阅读博客、留下评论和提出问题。

这个项目直接与共同核心标准、通过研究积累并展示知识和其他语言标准相联系，即对语言习惯的掌握，如拼写、标点符号和大小写，尤其是在阅读和书写非虚构文本的时候。

当然了，学生写博客自有其挑战性。研究项目从开始到结束长达一个多月，不过我们每周只投入 2—3 天。学生的读写技能参差不齐，所以对于有些学生来说，研究和写作轻而易举，而对于其他学生，我会稍加修改任务，使之符合他们的层次。除此之外，以数字方式做作业要求学生练习提高打字速度，学习如何打出某些标点符号。这一点是重中之重，所以我们在开始之前先花时间讨论了数字居民，练习了文明评论。我们甚至在电脑上敲出任何一个字之前，用纸和笔练习了"发布博客"和"评论"。

然而，教师所面临的最大难关是权限问题。如果教师无法使用班级设备，那么就很难推行博客，但也不是不可能实现。教师可以指定一个"周博客作者"，那么每次就只有一个学生发布博客，也可以让学生在午餐时间发布博客。教师可以与媒体专家或计算机实验室管理员合作，让学生在这些课上完成博客。

总而言之，学生博客是一种很好的体验，小屁孩博客的平台简洁明了，设置方便，界面直观，各个年龄段的学生都能轻松使用。

学生视角

S.格蕾丝，10年级：

写博客的时候，我觉得自己成了某样东西的一部分。我可以把自己的想法写给全世界，分享我的经验。

M.哈利，10年级：

写博客是推进20%时间项目最佳、最简单的方式。它帮助我反思项目，同时又能与全世界共享。

为什么要用小屁孩博客？

如果教师想让学生接触博客世界，那么小屁孩博客就是一个很好的工具。在引导学生徜徉于数字媒体新世界的时候，教师可以自主控制学生的博客环境。学生要想取得成功，就必须具备上传谷歌应用、嵌入视频、评论博客等数字技能。小屁孩博客就是开始教授这些技能的绝佳平台。学生们得以用全新的刺激方式探索写作。如果你在寻找引导学生接触博客世界的方法，就不要错过小屁孩博客。

更上一层楼

- 学生可以用小屁孩博客来记录项目。学生进行多个项目的时候，可以在博客上更新进度，供其他同学和社区了解。在学生进行项目的过程中，其他人可以通过评论功能提供反馈和鼓励。学生可以上传图片和视频来全面记录他们的项目，并与阅读这些博客的人互动。这是让学生积极参与长期项目的好办法。

- 博客站可以设在教室里，学生也可以用小屁孩博客来记课堂笔记。学生可以通过个人博客来记录课堂讨论，其他不在班里或想比较笔记内容的同学都能看到。这是让学生参与课堂讨论的好办法，便于学生复习笔记以及与班里的其他同学分享想法。

- 学生反思十分重要，小屁孩博客则有助于学生反思。很多时候，学生做完一份作业就忙下一份作业了，而小屁孩博客提供了一个反思平台，他们得以真正地思考学习，思考每个作业做得怎么样。由于教师可以调整小屁孩博客的隐私设置，这些博客可以设置为仅学生和教师可见。如果教师想让学生真正地成长和提高学习，那就鼓励学生反思吧。

结语　接下来做什么？

读到本书结尾，你可能要扪心自问："接下来做什么？"如何才能把这么多资源用到我的课堂或我所在的学校呢？这最后一章就来深入探讨一下两个群体——教师和管理者——如何进一步构建云中的课堂。

教师

面对这么多信息，人很容易茫然四顾，不知从何处着手。最重要的是记住一口吃不成胖子。你可以按照以下步骤，充分发挥云端科技的优势，为你和学生谋福祉。

探讨工具

本书列举了许多种可以用于自身和学生的云端工具，现在是深入探讨这些工具的时候了。单枪匹马地研究一种工具可能会让人不知从何下手，但其实不必这样。YouTube上有很多好用的指导说明，让你可以充分利用这些资源去选择自己的工具。先习惯基本功能，这样就可以分享给学生并回答他们的问题。不要觉得自己要成为某个工具的专家，然后在会议上去展示它。慢慢来，充分利用它就行。掌握之后，再想想怎么别出心裁地应用到课堂上。

永远不要试图用某一个工具去全程安排一节课。教学内容应当居于中心，工具只是共享内容或让学生获取内容的一种方式。为了使用工具而使用工具并不会对学生参与度或学习产生太大影响。刚开始把科技融入教学的新手常常将大量时间放在了工具上，以至于忘记了要完全涵盖教学大纲。华而不实的东西的确诱人，但学生终究是要理解授课内容的。这些新型云端工具的使用是服务于课堂的，最好的办法就是把内容放在第一位，充分利用工具完成这一节课的授课任务。

寻求帮助

一定要记住，并不是所有问题都能找到答案，而且最好的答案未必都能够从 YouTube 或谷歌上找到。一定要向专家寻求帮助，而且是到他们所在的地方会面。推特就是寻找这些教师的好地方，他们很乐于分享自己在课堂上使用各种工具的经验。教师之所以用推特，是因为他们看到了互联互通、互通有无的作用。发送推文寻求帮助总会得到许多教师的回复，他们会在你尝试用科技来促进教学的过程中提供支持。不过，推特不是唯一一个能够找到优秀教师的地方，博客等其他网站到处都是值得一看的好资源。许多优秀教师在网站上分享自己的作品，让人们看到哪些课程好，哪些课程不好。好的东西要读，差的东西也要读，因为这有助于你避免他人犯下的错误。

在将科技融入课堂的征途中，你并非单枪匹马。如果你还在犹豫着是否要在推特上寻求帮助或在博客上留言，看看你的周围吧。许多教师都在尝试同样的事情，那么你们作为一个团队去尝试新事物，互相帮助，共同改变课堂，岂不是更好吗？早上喝着咖啡，聊聊你正在研究的新工具，说说你打算如何在课堂上应用这些新工具。这样的会议的确能够促进技术在课堂上的应用，看到教师在课堂上使用工具，对学生也有益处。

调查学生

花一点时间，跟学生谈谈，了解他们在家里能获得什么信息。云端工具的一个方面是能够在家里和学校使用它们，并且无须担心东西丢失。如果很多学生家里没有电脑，那么任何类型的云端技术都难以应用。别忘了询问学生他们的手机能做些什么。许多学生的手机很高端，可以上网，甚至能下载许多云端工具的移动应用。即便学生没有台式电脑或笔记本电脑，他们可能拥有一台能获取你想让他们使用的工具的手机。花一点时间，看看你想让他们用的工具是不是有移动版本,从而让学生能够随时使用,把做作业变得更容易。

检验可用性

把新工具应用到课堂上的一个重要步骤是,确认这款工具在你的教室或学区是否能用。有时候,教师可能无法使用某个工具,但学生可以。确保学生也能通过自己的用户账号访问网站,这种权限是充分发挥云端工具潜力的关键。你的教室或学区可能禁止使用某些工具,但别因此止步。屏蔽比让学生或教师随意访问容易得多了。如果你想使用的网站屏蔽学生或教师,那就准备为之抗争吧。

当教师想要访问被学区屏蔽的某个网站时,常常会被人问起"为什么"。管理者或技术负责人会大谈特谈让学生访问这些网站的危害,你一定要充分准备,把学生和教师在课堂上使用云端工具的积极作用说给他们。找一下禁止使用这些工具的相关规定,如果不存在这样的规定,那就明确告诉他们。记住,这可能意味着你会被纳入一个委员会,编写关于云端科技的新规定。既然规定是你编的,至少你可以使用这些工具了。只有把新技术融入课堂,它们才会真正为学生所用。

做好失败的准备

第一次在学生面前使用工具可能会一败涂地,要做好心理准备。许多经验丰富的教师都知道,第一次教课时,肯定会状况百出。你会遇到各种意外,不知道下一步该怎么做。在学生面前失败没什么,只要你不轻易放弃。技术是变幻无常的,学生也要明白这一点。从容应对任何问题,把它们当作教学的契机。把工具出现的错误记录下来,在下次上课时及时纠正这些错误。工具使用的次数越多,应对问题的能力就会越强。使用科技的时候,就要做好某些东西不能正常工作的准备。大多数工具不会出现问题,但即便是最好的网站也会偶尔出现错误。做好解决问题继续前进的准备。正如你想让学生面对困境逆流而上一样,你在应用技术的时候也要有同样的心态。

共享

当你在课堂上成功使用云端工具后,别忘了把好东西分享给其他人。其他人可以是同事,也可以是推特上的粉丝。如果你看出了在课堂上使用某个工具的重要性,那就鼓励别人也试试吧。课堂上使用这些工具的人越多,学生应对现实世界的能力就越强。你不必成为专家再告诉别人某节课怎么好。云端工具让人人都可以发表观点,所以当你觉得某节课讲得好时,就一定要分享给别人。你分享的课程可能会激励其他教师在课堂上尝试云端科技。

管理者

管理者在技术应用中扮演着重要角色。校长或校监解除对某个网站的屏蔽或者为新的技术工具提供资金是一码事,但如果管理者身先士卒,就会给学习文化带来翻天覆地的变化。以下是帮助管理者在自己的学校内应用工具的一些基本理念。

职业发展

发现这些强大的云端学习工具之后,管理者会迫切地想让教师们投入实践。当然了,你已经见识过让学生在线创造和协作的效果,所以你已经迫不及待了。在你对学校教育学生的方式进行改革之前,你首先要获得教师和教职员工的支持,其中一种方式就是培训。

想想看,谁都不想被迫去使用一个自己根本不了解的工具或网站。教师们想采用创意想法,但在跳入教育科技的大池之前,他们要对工具和资源进行全面地了解。提供持续的职业发展,这是支持教师使用科技教学的好办法。

佛罗里达州迈尔斯堡佛罗里达高尔夫海岸大学教育学教授帕特里克·格林尼就科技融入课堂提出了如下观点:"科技融入教学大纲要分两步走,"格林尼说,"首先,教师要了解硬件和软件;其次,他们必须学习如何应用；最后，每位教师都应当写一份有关在课堂上应用科技的计划书。"在规划教职员工的职业发展培训时，一定询问教师们的意见。利用教师的反馈来判断他们的教育目标是什么，然后帮助他们研究那些能够提供教育支持以实现教育目标的云端工具。

与其他管理者互联互通

正如教师们在互相学习、互相协作一样，管理者也要互联互通，共享个人经验。对于科技应用，全世界的管理者都面临着同一个问题。无论是资金、隐私，还是动机，总有那么一个人曾经尝试过。勇于寻找与他人联通的方式，分享自己的经验吧。

埃里克·石宁戈提到过管理者互联互通的重要性：

教育者互联互通之后，我们就可以利用动态资源，联通大型教育者网络。我们能获得好的想法，找到在同类型社区里与我们做着同样工作的超强大脑。

在实践中展示你的工具

在教育界，没有任何学习工具能比得上榜样的力量。当校长安排好教师培训，工作开始后就转身离开，显然不是一个积极的信号。相反，如果校长或校监经常查看使用科技的进程，效果会完全不同。

凯西·张伯伦是奥斯威戈市学区的技术顾问，他描述了校长在为全面的职业发展奠定基调中所扮演的重要角色：

校长在教学楼的氛围设定中起到很大作用。观望的教师——或者自认为没有时间去了解科技的——感觉到管理者的积极态度，就会三思而后行。

这并不是说管理者就一定要同时使用推特、脸书、Vine 和 Pinterest 等。

亲民的校长选择使用何种工具并不重要，而是要创造一个把科技作为实践的环境。想办法展示你想让学生和教师使用的工具，尝试在下一次职工会议上采用谷歌文档协作，而不是用电子邮件发送议程，用推文通知即将到来的学校活动，用最近一次学校活动的照片创建一个一起乐相册。教师和学生看到管理者的态度后，就会更加乐意去效仿。

设定高预期

我们看到，教育者对学校内的整体成绩和学术环境有很大影响。一定要给学生和教师设定很高的学习目标。课堂上使用科技不是偶尔为之的事情，而是要根据全校的预期，制定一套正式的教育方针。

与所有教师并肩作战，为他们所有人设定同样的目标。你不应该借口说"×××可以不用教育国度，因为他们不擅长使用科技。"没错，你的确要保持对职工需求的敏感性，但如果你相信某个工具或程序会促进学生的整体学习，那就要确保所有教师要为成功而全力拼搏。

乐于尝试

并不是每一样工具都会如你计划的那样奏效，并非所有教师都会从微软转用谷歌云端硬盘，但这不能妨碍你采用新工具和新思路。当然，你要做好准备，拟订好计划，才能成功应用科技。底线是乐于尝试，坚定不移地从错误中汲取教训。你要挺身而出，从教学方面指出解禁某个网站或购买某个工具的种种原因，在数据的安全性和全球社区的协作价值之间取得平衡。只要你愿意，你就可以成为变革的催化剂。

写在结尾的话

记住，工具会出现也会消失，但应用理念永远不会变。在探索新工具时，一定要把注意力放在提高学生的教育上。如果永远把这放在科技应用的第一位，那么你选用什么工具都不重要。

本书的重点就是展示结合学习技能和现代工具，从而构建一个无所不在的课堂的方法。学习不应该只在周一至周五的早上7点至下午3点进行，它不需要一个具体地址，不需要受性别、种族或背景的限制。云端课堂把学习和科技真正地结合起来，让学生可以随时随地、不分对象、不分设备地做事。读完本书，你应该做好引导学生在这个云端冒险中畅游的准备了。

资　源

爱屋及乌

在本书中，我们探讨了帮助你和学生们充分在网络世界里学习和创造的各种云端工具。我们明白，我们介绍的这些工具并不一定全部适用于你。也许学区的过滤器会禁止你访问某个网站，或许出于资金原因而无法获得某些工具，甚至学生的年纪大小也会阻碍你使用某个工具。

以下工具或许可以替代我们所推荐的工具，这份清单并不详尽，我们也没打算再详细解释，而是在把课堂带往云端而遇到困难时，希望你能多一个选择。

	推荐工具	备选工具
云端存储	网络随身碟 谷歌云端硬盘 印象笔记	OneNote Google Keep Box.net Pocket
云端沟通	推特 提醒 谷歌环聊	Shindig ooVoo 讯佳普
云端协作	谷歌文档 教育国度 维基空间	pbworks Wix Weebly Wikia Wikidot Ning 教师画布（Canvas for Teachers）

续表

	推荐工具	备选工具
云端创造	图享 一起乐 YouTube 编辑器 录屏大师	Imgur Vine 图片乐 微视频 Flickr 移动注
大杂烩	评估	
	苏格拉底测试大师 谷歌表单 Kahoot！	PearDeck 随地投（Poll Everywhere） Geddit
	演示	
	演示通 谷歌幻灯片	Canva SlideShare LucidPress NearPod
	大杂烩	
	动画魔图 网页故事墙 小屁孩博客	Adobe Creative Cloud（付费版） Blogger Adobe Voice Educreations

致　谢

感谢以下团体提供的帮助和支持：

向所有教师、管理者、科技培训者和全球的教育者们致敬，感谢你们慷慨地分享个人经验。若没有你们的精彩实例和伟大贡献，本书将是另一番面貌！

向提供意见和建议的学生致敬，感谢你们分享云工具对个人学习的影响。你们极具实用性的评论帮助我们了解到，这些工具是如何打开学习的大门的。

向允许我们共享这些工具的公司致敬，感谢你们创造了这些能够促进学习的神奇工具，有了它们，取得成就的教育者们可以更方便地分享他们的经验。继续发展积累好的资源吧，教师们会继续为你们唱赞歌的！

还要感谢以下个人在编辑方面的建议和指导：

爱普尔·科克·德吉纳罗，佐治亚州费耶特维尔市人民小学天赋教育教师。

德尔西亚·马龙，阿拉巴马州加兹登市 W. E. 斯特普林小学校长。

史蒂夫·德姆博，伊利诺伊州芝加哥市威尔克斯大学副教授、社交媒体及网络社区发现教育主任。

达斯汀·萨米，阿肯色州康威市阿肯色州中亚大学教育发展中心教育设计专家。

参考文献

Asher-Schapiro, A. (2013, June). *Cloud technology forecast: Sunshine with chance of showers.* Retrieved from http://districtadministration.com/article/cloud-technology-forecast-sunshine-chance-showers

Brownstone, S. (2013, April 30). *Parents grill Department of Education over privatestudent data cloud.* Retrieved from http://blogs.villagevoice.com/runninscared/2013/04/inbloom_data_student.php

Catalano, F. (2012, July 3). *How will student data be used?* Retrieved from http://blogs.kqed.org/mindshift/2012/07/how-will-student-data-be-used/

CloudTweaks. (2012, September 13). *Effective ways cloud computing can contribute to education success.* Retrieved from http://cloudtweaks.com/2012/09/effective-ways-cloud-computing-can-contribute-toeducation-success/

Connected Educators. (n.d.). *Interview with Eric Sheninger, principal.* Retrievedfrom http://connectededucators.org/profiles/interview-with-ericsheninger-principal/

Educational Technology and Mobile Learning. (n.d.). *Digital differentiation tools for teachers.* Retrieved from http://www.educatorstechnology.com/2013/04/digital-differentiation-tools-for.html

Edutopia. (n.d.). *NIST publishes final version of cloud computing definition.* Retrieved from http://www.edutopia.org/groups/science-technologyengineering-mathematics-education/80873

Fink, E., & Segal, L. (2013, June 28). *Your child's data is stored in the cloud.* Retrievedfrom http://money.cnn.com/2013/06/28/technology/innovation/inbloom/index.html?hpt=hp_t3

Frontline. (2010, February 2). *The new digital divide.* Arlington, VA: Public Broadcasting Service. Retrieved from http://www.pbs.org/wgbh/pages/frontline/digitalnation/learning/schools/the-new-digitaldivide.html?play

Hausman, A. (2013, June 19). *Implications of the cloud in the classroom.* Retrieved from http://www.cloudtweaks.com/2013/06/implicationsof-the-cloud-in-the-classroom/

Jackson, S. (2013, December 16). How technology can encourage student collaboration. [Web log post]. Retrieved from https://www.common sensemedia.org/educators/blog/how-technology-can-encouragestudent-collaboration

Mitra, S. (2013, April 29). *We need schools⋯ not factories.* Retrieved from http://www.huffingtonpost.com/sugata-mitra/2013-ted-prize_b_2767598.html

Segal, L., & Fink, E. (2013, March 8). *Bill Gates' classroom of the future.* Retrieved from http://money.cnn.com/2013/03/08/technology/innovation/bill-gates-education/index.html?iid=EL

Starr, L. (2009, September 23). *The administrator's role in technology integration.* Retrieved from http://www.educationworld.com/a_tech/tech087.shtml#sthash.zixBWV0c.dpuf

The White House. (n.d.). *ConnectED: President Obama's plan for connecting all schools to the digital age.* Retrieved from https://www.whitehouse.gov/sites/default/files/docs/connected_fact_sheet.pdf

"前沿教育"书系书目

《云课堂:师生高效沟通创新方法指南》
《数字化学习案例研究:如何颠覆传统并提高效率》
《高分学生心得:"活学"的N种方法》
《教师的透视镜:崇高背后的自我监督》
《校园欺凌行为案例研究》
《优秀教师培养:和教学差距说再见》
《语言暴力大揭秘:跟网络欺凌说"不"》
《多元文化:当教师遭遇新挑战》(第二版)
《教无止境:让"差生"成功逆袭》
《家校合作:5个原则读懂教育互动》
《创新教育模式:让课堂"活"起来》
《打造全新课堂:协作式教学探究》
《FNO框架:从学校到名校》(第三版)
《大教育:学校、家庭与社区合作体系》(第三版)
《反思课堂教学:为未来的挑战做准备》(第三版)
《参与度研究:防止厌学的诀窍》
《校长之道:只为成就教师和学生》(第四版)
《教师:如何与问题家长相处》(第二版)
《高能校长的十种身份》
《校长决策力:复杂问题案例研究》
《反欺侮:让学生远离恐惧》
《美国学校的安保与应急方案》
《校园文化:发现社团的价值》
《领导力:卓越校长的名片》
《发掘内在潜力:让教师成为教育家》
《乘数效应:发现学校里的天才》
《课堂内外:打造全方位发展的学生》
《美国教学质量监管与督导》
《思维学校建设之路》
《用数据说话:教学差距调查方法》
《有文化还不够:21世纪数字信息时代的流畅力》